MARCA

© 2020 Robério Santos

Título: Marca
Autor: Robério Santos
Editora: Ana Landi
Preparação de originais:
Rosemary Zuanetti
Consultora: Neide Oliveira
Prefácio: Adriana Negreiros
Texto da orelha: Lira Neto
Revisão de texto:
João Hélio de Moraes
Criação de capa e projeto
gráfico: Helena Salgado

**ILUSTRAÇÕES DA CAPA
E MIOLO: RONALD GUIMARÃES**

CIP BRASIL.
CATALOGAÇÃO NA FONTE

Santos, Robério
Marca / Robério Santos –
São Paulo; Bella Editora, 2020
ISBN 978-65-87293-00-4
1. Histórias de vida
2. Mulheres – Autobiografia
CDD-920.72

Índice para catálogo sistemático:
Mulheres – autobiografia 920.72
1ª reimpressão, 2020

Bella Editora
Rua Itapeva, 26, cj. 104
01332-000, São Paulo - SP
Tel. (11) 2667-2405/2667-2372
www.bellaeditora.com.br

MARCA

Robério Santos

BELLA
EDITORA

Dedico este livro a meu pai, Pedro de Zé Vieira,
que partiu em seu cavalo para o sertão celestial.

SUMÁRIO

"E se não fosse
uma raiz de
mucunã arrancada
aqui e além,
ou alguma
batata-brava que
a seca ensina a
comer, teriam
ficado todos
pelo caminho,
nessas estradas
de barro ruivo,
semeado de pedras,
por onde eles
trotavam trôpegos,
se arrastando
é gemendo."

A FORÇA

Na segunda metade da década de 1980, quando a maioria dos meninos de sua idade colecionava selos, chaveiros e figurinhas dos ídolos do futebol, o pequeno Robério Santos dedicava-se à elaboração de acervo menos lúdico: imagens do cangaço, fenômeno do banditismo rural que teve em Lampião, entre os anos 1920 e 1930, sua figura mais proeminente. Closes de cabeças separadas do corpo, retratos de cangaceiros empertigados, detalhes de bornais, chapéus e alpercatas: nenhuma referência visual, por mais sangrenta ou aparentemente banal que fosse, escapava à ampla curadoria do garoto. Tudo ia para um álbum, em meio a fotos de parentes, convites para missas de batismo ou santinhos de mortos.

Os amigos de Robério não entendiam muito aquela mania. Embora a cidade onde vivessem, Nossa Senhora Aparecida, no Agreste sergipano, tivesse sido uma locação importante da história do cangaço, o tema não despertava arroubos de entusiasmo na meninada. Na falta de interlocução com os colegas, Robério discutia o assunto com seus bisavós maternos, Olindina e Pedro. Estes, sim, nunca dispensavam uma conversa sobre coiteiros, persigas ou emboscadas.

DO SERTÃO

Dona Didi – como Olindina era chamada por todos – adorava relembrar a infância e a juventude vividas na presença do primo Baltazar, que depois de crescido trabalharia como volante. Baltazar, inclusive, seria o terror do cabra Zé Sereno, companheiro de Sila. Robério podia passar horas sentado ao lado da bisa ouvindo relatos os mais dramáticos sobre troca de tiros, corpos esfolados e membros decepados. Ou outros, mais suaves, a respeito do estilo de vida dos cangaceiros, da música à gastronomia, passando pela moda. A complexidade do cangaço, com seus extremos de beleza e horror, encantamento e dor, sempre fascinou Robério.

O interesse pelas narrativas fantásticas levou-o, ao fim do ensino médio, a escolher a faculdade de Letras. Durante o curso, teve como incentivadores dois autores cuja obra admirava – a poetisa Maria Lucia Dal Farra e o escritor Francisco Dantas. Incentivado por ambos, começou a dar publicidade aos textos que, até então, vinha produzindo em relativo segredo. Em 2010, estreou nas livrarias com *O vendedor de sereias*, um romance histórico regional. Na sequência, publicou seu primeiro projeto totalmente documental, a biografia de

João Retratista, que fotografou Lampião, fruto de um trabalho de campo que envolveu inúmeras viagens pelo Agreste sergipano, entrevistas e pesquisas em arquivos.

O que muitos chamariam de "viagens de trabalho", Robério classificaria como verdadeiros passeios, tão prazerosos quanto jornadas de férias. Era como se, adulto, visse concretizados seus maiores desejos de menino: conhecer em profundidade os pedaços de chão, os personagens, os objetos que, até então, povoavam sua imaginação por meio das fotografias – e, principalmente, dos relatos dos bisavós Didi e Pedro.

Outros livros vieram na sequência, como os estudos sobre Volta Seca, o incrível cangaceiro--menino, um dos personagens mais controversos da história do cangaço; e também a biografia do terrível Zé Baiano, algoz de Lídia, a cangaceira morta em punição por seu relacionamento extraconjugal com o cabra Bem-Te-Vi. Em 2017, Robério teve a ideia de transformar suas investidas sertão adentro em um canal no YouTube, *O Cangaço na Literatura*, hoje, em 2020, com 200 mil inscritos. Nos vídeos, Robério não apenas visita cenários do cangaço, como apresenta incontáveis "furos de reportagem" sobre a história do bando de Lampião, como o paradeiro do cangaceiro Bem-Te-Vi e a identidade de dona Hermínia, irmã de Corisco, atualmente vivendo no interior de Alagoas.

De todas as descobertas de Robério, uma das mais fascinantes diz respeito a um episódio cinematográfico da história do cangaço – a invasão frustrada do bando à cidade de Mossoró (RN), em 1927. Robério encontrou a carta escrita pelo então prefeito da cidade, Rodolfo Fernandes, para o coronel Antônio Gurgel, feito refém pelo bando. O documento foi posteriormente doado à prefeitura de Mossoró.

Nesse ponto, a história de Robério cruza com a minha. Foi em Mossoró, cidade onde passava minhas férias na infância, que ouvi de vovó Alcinda as primeiras histórias sobre o cangaço. Quando menina, ela tinha medo de ser roubada pelos cabras de Lampião – e carregou vida afora um orgulho danado de ter nascido na cidade cujos moradores tiveram a valentia e a bravura de impedir a invasão do fora da lei mais temido do Brasil, à época. Foi a memória dessas narrativas que me levou a escolher a trajetória das cangaceiras como tema do meu primeiro livro, *Maria Bonita, violência, sexo e mulheres no cangaço*, lançado em 2018 pela editora Objetiva.

Escrever sobre o cangaço fez-me, de alguma forma, conectar-me com a memória de minha avó, falecida em 1996. Quando li *Marca* e ouvi de Robério seus relatos sobre a relação com a bisavó Didi, dei-me conta de que, talvez de maneira inconsciente, ele tenha estabelecido conexão semelhante com a própria ancestralidade. Como Marca, dona Didi tem a vida pontuada pelo imperativo da violência – no caso desta, da natureza dura do sertão. Só nasceu em Itabaiana Grande porque no fim do século XIX seus avós fugiram da seca de Barro, no Ceará.

De toda forma, dona Didi está neste livro. Nos vocábulos de um sertão quase arcaico, nas descrições das paisagens, no enfrentamento das adversidades. E, acima de tudo, na resistência da mulher sertaneja. Um poder extraordinário que ultrapassa gerações e será herdado pela mais longínqua de nossas descendentes.

E quando, lá no futuro, alguém perguntar para essas mulheres de onde vem tanta força, elas dirão: de dona Alcinda, de dona Didi, de dona Hermínia, de Maria Bonita, de Sila e de Dadá. Do Sertão.

ADRIANA NEGREIROS, jornalista.
Porto (Portugal), agosto de 2020

O SOL ESCALDANTE A ESPERAVA DE BRAÇOS ABERTOS

1

Uma mulher sem nome corta o Cariri cearense com a barriga inchada. Não sabe se era doença ou mais um filho que viria ao mundo para nascer e morrer, transformar-se em mais uma pequena cruz num dos cemitérios de anjos à beira da estrada principal, também sem nome, que seguia ao norte. Seu marido havia morrido há dois dias, caíra de um cavalo brabo que roubara de um fazendeiro. Bateu a cabeça no chão. Quando a esposa chegou, viu seu homem esticado ao lado do animal. As pessoas ao redor estavam divididas entre a tristeza de vê-lo morto e a alegria de ter encontrado o cavalo do Coronel. Podiam ganhar alguma gorjeta e, com os poucos réis, comprar farinha e jabá.

A mulher continuava sua caminhada viúva em direção à cidade grande. Levava com ela o máximo que podia: duas peças de roupa, um tanto de farinha e carne assada dentro do pacote, e pouco mais de um quilo do ouro branco de mandioca, que ainda dava para ser comprado a preço baixo. Carregava também a lembrança de um passado de fartura e dor. Com as moedas que o marido deixara, não daria para viver mais de uma semana. Se ele estivesse vivo, seria diferente. Como seria... Se o que ela tinha fosse doença, morreria feliz com o marido ao lado. Caso contrário, ele poderia matá-la ao descobrir que o filho não era dele, quando visse a cor da pele do rebento. Antes torcia que fosse doença, agora prefere o filho.

Dete era filha de um fazendeiro muito rico de uma cidade alagoana às margens do São Francisco. Agora sei seu nome: Marca Gilberta, apelido Dete, de detestável. Minha memória começa a clarear à medida que vou escrevendo. Seu nome de batismo era incomum, mas com o tempo as pessoas se acostumavam. Ela nasceu bem no início do verão do ano em que a fartura deu lugar à seca, um tempo que ficou conhecido como "o quinze", ou "a seca de quinze". Seu pai plantava milho irrigado com as águas do Opará, tinha colheita o ano inteiro e, com a seca, o preço do grão triplicava. Ainda existiam escravos de todas as cores trabalhando nas lavouras, que recebiam seus salários em patacas, comida e moradia. Os pequenos quartos dos empregados se estendiam e recebiam carinhosamente o apelido de "senzala". Nada mais sutil do que remontar a tempos antigos com uma palavra sofrida e medonha.

Dete, que aprendera desde cedo a costurar e a dar comida aos animais, era branca e gorda, o que a tornava alvo fácil de olhares acovardados de muitos magros que não a viam mais como uma criança. Aos doze anos, já aparentava ser moça feita, com sorriso fácil, coxas grossas e peitos volumosos. Quando passou uma semana sem querer sair do quarto, sua mãe deixava a comida no corredor e se afastava. Preocupada com a filha, um dia bateu à porta e tentou conversar:

— *Dete, minha filha, o que tu tem? Seu primo tá aqui em casa e já te procurou uma porção de veiz e cê tá nesse quarto trancada. Por que isso? Quando teu pai chegá de viagem, não vai gostá nada disso.*

— *Estou doente, mãe, pode entrar, a porta só está encostada.*

A mãe, que só conversava quando o dono da casa não estava, se senta na cama ao lado da filha e pergunta o que ela tem de verdade. Era a maldita menarca que havia chegado. Panos e mais panos encharcados de sangue cobriam sua genitália como se fossem esconder a vergonha. A mãe, assustada com tanto sangue, explica que era necessário todo mês a mulher sangrar para pagar o pecado original de Eva. Já Adão não pecava senão por tentação da desgraça. A filha nada entende, mas parece mais tranquila ao saber que era natural o sangramento. Descobriu, tempos depois, que estava pronta para fazer filhos.

O pai chegara de viagem e ficara feliz com a notícia. A filha única estava pronta para lhe dar um neto homem, varão: *"Prendam suas cabritas, porque meu bode está solto"*. Apenas uma menstruação e o velho já fazia planos de um herdeiro, pois na cabeça dele só servia se fosse macho.

Marca não queria mais ser chamada de Dete, mesmo assim todos continuavam a chamá-la por esse apelido miserável que a castigava.

Um ano após o primeiro fluxo menstrual, conheceu o sexo. Tinha treze anos. Depois de doze sangramentos, Marca acordou por volta das duas da manhã com um homem em cima dela. Uma mão áspera e cheia de espinhos de palma tapa sua boca e a outra segura suas duas mãozinhas para cima. A boca encostada no ouvido da moça diz:

— Tu num grita não. Si tu fizé isso, eu te arranco a cabeça e mato tua mãe de tiro. Balança a cabeça se entendeu.

O terror consome os olhos da menina, sua respiração fica ofegante. Balançando a cabeça, ela sinaliza que não gritaria quando o homem tirasse a mão da sua boca. O silêncio só é interrompido pelo som de uma coruja suindara agourenta que anuncia coisa ruim. O ranger sincronizado da cama num sexo violador acompanha o grilo que canta no canto do quarto, testemunha imóvel que nada entende. Um sangramento não agendado acontece. Desta vez não anunciando o fim de uma possibilidade de filho, mas o princípio.

O homem acaba o serviço e sai de cima da garota. Assustada, ela se recolhe embaixo da coberta e espera a morte. Ele se sacia e a deixa viver. Sabia que seu silêncio havia sido comprado com a ameaça. A coruja voa, o grilo é esmagado pelo pé abotinado que sai rapidamente pela janela. O sono vai embora. Anos se seguiram sem que a menina, que virara mulher à força, quisesse ter outro homem por perto.

O ano de 1930 chegou e com ele os cangaceiros de Lampião, que passavam pela estrada em frente à sede da fazenda do pai de Marca. Todos os funcionários se esconderam, menos ela, que correu

18

para a estrada ver o cortejo de homens armados e mais enfeitados que boi de reisado. Nada sabia sobre eles, nada sabia sobre nada. Naqueles tempos, o que menos os pais faziam era conversar com os filhos. O bando seguia no sentido poente–nascente, abeirando o rio. Um deles, o menor de todos, de nome Volta Seca, encara a moça pendurada na porteira e diz:

— *Tu num tem medo de nóis não, moleca?*

— *Tenho não, vocês não são bicho pra eu ter medo.*

— *Qué ir cum nóis? Lampião já deixa muié entrá no bando, já tem um magote.*

— *Se meu pai deixasse, eu pensaria. Como é seu nome?*

— *Vorta Seca.*

— *Seu nome?*

— *É.*

Volta Seca estava apenas brincando. O Capitão havia dito que não mexessem em nada naquela fazenda, pois era *"gente amiga e já tinham dado contribuição naqueles dias"*. Passaram direto. Aos olhos da menina, que se autointitulava "moça véia", tudo aquilo era como mágica. Marca tentava ao máximo esconder sua condição. Também sabia que, se os homens soubessem que ela não era mais virgem, não iriam querer tocar nela, nem sequer casar, e ela só serviria para cabaré. Naquele tempo, mulher que fazia sexo antes do casamento era chamada de puta, tinha que sangrar igual vaca no abate na primeira noite após o casamento. Contam casos de mulheres que não sangravam e, mesmo intactas, os maridos as matavam.

Chegou outubro de 1931 e começaram a comentar que uma grande seca atingiria todo o sertão e poderia até secar o grande rio. Todos riam, era como uma profecia de beato apaixonado por dinheiro e poder. Marca aproveitava as conversas. De vez em quando ainda lembrava daquela madrugada triste em que foi atacada pelo fantasma de seu atual trauma. Sempre puxava assunto com os funcionários da fazenda, para tentar identificar a voz do homem que a desvirginou. Nunca esqueceu aquela voz e o fedor dos dentes podres. Ela sabia sua altura, reconheceria aquele monstro mesmo que passassem muitos anos. Num domingo de missa, Marca vai antes à rua fazer um retrato; depois rezaria para Deus guiar o bom caminho da paz em tempos de guerra. Naquele dia, ela sabe que seu sentido aguçado a levará ao desconhecido. Assim que dá o primeiro passo dentro da casa de fotografias, é bem recebida pelo retratista:

— *Bom dia, sobrinha linda, como está a fazenda do mano véio? Está sozinha hoje?*

— *Vai bem, tio Mateus, vai tudo bem sim. E tia, e primo?*

— *Tua tia tá em casa tomando conta do moleque mais novo. Teu pai tá triste, porque eu já tive dois homens e ele nenhum. Eu tô aqui no serviço. Mas, me diz, o que deseja para hoje?*

— *Feche a porta e eu conto.*

— *Tudo bem, mas do que se trata?*

— *Quero que o tio me fotografe nua, sem um pingo de roupa no corpo, e é pra já.*

Um sorriso se abre no retratista, que há tempos percebia as curvas daquele corpo se delineando. Fecha a porta da frente e abre a de trás para obter luz natural, que ele sempre comentava ser a melhor de todas para uma boa foto. A moça veste uma roupa branca com um chapéu creme fitado de preto. Os sapatos amarelados brilham como um girassol que beija os primeiros raios da manhã. Sorrindo, ela começa a se despir lentamente. Completamente nua, senta-se numa cadeira defronte à porta, onde estão os equipamentos, e permite que o homem toque em seu corpo, a fim de mostrar-lhe a melhor posição. Quando tudo está pronto, postura elegante, queixo apontado para a câmera, Marca diz para ele se aproximar a pede que sussurre algo em seu ouvido. Quer se sentir mulher. Ele hesita em fazer isso, algo está muito estranho ali. Por que ela está criando aquela situação? Justo com seu tio? Queria uma foto, se vestiria e iria embora esperar o retrato ser revelado? Ele se aproxima e diz:

— *Unus quisque mavult credere, quam judicare.*

Marca, que nada entendera, solta um sorriso e sugere que façam a foto antes que alguém chegue ao ateliê. Ele aceita, mas antes diz *"já volto"*. Ele está pronto para se aproveitar da situação. Entra embaixo do pano preto da câmera para focar e inserir a chapa de vidro para executar a foto e, assim que consegue o foco, ele percebe Marca nua e de pé com uma arma apontada para a lente. Sem perder tempo, ela dispara. Começa aí um caminho sem volta para ela. O projétil atravessa a lente e o vidro do foco, atingindo a boca do tio. Ele cai. Ela abre uma sacola de papel onde parecia carregar peixe seco e retira dali uma faca que amolara pela manhã por quase uma hora. Com muita violência, ela arranca a cabeça de seu suposto violador com um golpe, corta seu pênis e o insere na boca morta já cheia de sangue. Coloca ambos na cadeira em que estava. Uma cena que, se fosse vista por Goya, resultaria em uma das mais chocantes obras de arte já pintadas *en rouge*. Marca se limpa, veste novamente a roupa, espera a rua ficar vazia e, como se nada acontecera, sai em direção à igreja para rezar.

Não demoraria a ser pega, mas Marca não se importava, sua vingança fora completa. Ela sumiria. Deixaria para trás a vida luxuosa que levava e seguiria rumo ao sertão profundo. O sol escaldante a esperava de braços abertos. A fome. A sede. A morte.

Lá fora, em cima do muro, dois meninos assistiam a tudo, no começo curiosos com a nudez da modelo e, depois, aterrorizados pelo desfecho macabro da situação. Enquanto isso, a multidão se acotovelava na casa fotográfica para ver o defunto, que já estava enrolado num pano branco. Apenas uma de suas mãos delicadas ficara de fora da mortalha.

CACHORRO TEM ALMA?

2

O padre Pinto, durante o sermão, já alertava para a violência que se instalara nas grotas rústicas daquele pequeno arruado que teimava em se modernizar. As pessoas queriam saber mais do que precisavam... Marca não prestava atenção à missa. Pensava que tinha um álibi, dos bons. Nem sequer uma gota de sangue repousava na sua roupa e não se sabia a que horas havia sido executado o retratista, que agora era alvo de fotógrafos amadores querendo guardar aquele momento. Vingança intelectual. As fotos fariam sucesso de venda nas feiras das cidades de todo o Nordeste, assim como as dos cangaceiros mortos, muitas vezes apenas suas cabeças em meio às bugigangas que carregavam. A missa acabou e muitos curiosos se dirigiram ao local do crime. A vingadora sertaneja também foi, com cara de quem nada sabia. Uma de suas amigas comentou baixinho:

— *Dizem que era namorador que só. Uma vez fui fazer um retrato e ele passou a mão no meu peito. Eu me arrepiei toda e, se ele tivesse me pedido, eu tacaria um beijo nele. Peste bonito!*

Marca sorri por dentro, mas tem que mostrar que está incomodada com a situação. Pede licença para sair do tumulto e fica esperando o carro do pai, que ia pegá-la. Minutos depois, escuta a buzina do novíssimo Ford 1931, todo de um azulzinho que se deixava confundir com a cor da igreja. O pai gastava um tanque de gasolina por semana subindo rua acima, descendo rua abaixo, para mostrar seu novo e moderno automóvel, ou melhor, suas quatro pernas emborrachadas. Marca entra no carro e vê dois meninos de pé que olhavam para ela, conversavam entre si e apontavam os dedos sujos de terra em sua direção. Ela pede para o pai parar o carro. Discretamente, eles se aproximam:

— *Moça, nóis sabe de tudo.*

Os nervos de Marca se retorcem e, com um sorriso cadavérico no rosto, pergunta o que eles sabem. A resposta não tarda:

— *Tudo que tu feiz.*

Era a palavra de uma dama contra a de dois moleques de rua. Eles eram invisíveis perante a sociedade. A palavra de Marca valia mais que assinatura de padre em igreja para batizar filho de deputado. Ela era a menina pura que se confessava todos os domingos mentindo para o sacerdote. Toda sua vida era uma mentira, até seu apelido horrível. Marca chama os meninos mais para perto e diz sussurrando:

— *Vocês querem também morrer? Abram a boca! Eu capo vocês e faço os dois engolirem os ovos um do outro.*

O pai, sem nada entender, apenas observa pelo retrovisor e pensa ser uma brincadeira entre eles. Não se sabe por que ela disse aquilo, acabava de se entregar. Mas quem acreditaria numa história dessa, já que toda a região de Jatobá de Tacaratu, em Pernambuco, até a Pedra de Delmiro, em

Alagoas, afirmaria depois que fora crime passional? Suspeitos em breve já estariam sendo rifados nos bares entre um gole e outro de cachaça limpa.

— *Foi o Senadorzinho que matô ele, o peste do retratista tava com a muié dele, só pode sê.*

— *É nada. Se fosse pra matar ele, quem mataria era aquele ex-cangaceiro que num me lembro o nome. O bicho foi chamado pra tirá uma foto da muié do hómi e ele acabô emprenhando ela.*

— *Ocês inventa coisa demais, isso só pode ser engano. Num havia alma meió que a dele, ou será que ocês nunca foro namorador?*

Mais uma rodada de cachaça e voltam a confabular sobre o ocorrido. O enterro estava marcado para o dia seguinte. Costuraram a cabeça, mas as partes de baixo jogaram como um nada entre suas pernas. Toda a cidade compareceu ao velório. As pessoas esperavam encontrar uma cabeça separada do corpo no caixão, mas não estava tão mal assim. As viúvas chegavam a cada hora, num total de oito. Mulheres bonitas; o homem tinha bom gosto. Os cornos compareciam ao velório fingindo demência, pois *"se eu num fô, aí é que vão falá que fui eu quem matei"*. Foi o que disse um senhor que não foi poupado pela ânsia nervosa do prazer carnal de sua esposa pelo Apolo Retratista – esse era seu apelido.

Naquele trecho de Nordeste, parece que alguns apelidos são tirados de um livro de história. Até que um homem nervoso entra armado no velório e diz: *"Esse cachorro num divia morrê assim não, era pra eu tê matado ele! Esse cachorro num tem alma não!"*. Apontando a arma para o peito do defunto, dispara. A bala vara o corpo morto e quebra a madeira do fundo do caixão. O desconhecido guarda a arma, caminha até a frente da casa e monta em seu cavalo. O cabra fotógrafo havia morrido pela segunda vez. As pessoas se benzem, gesto nada incomum naquela época abençoada.

Marca chega ao velório do tio com seu pai. O primo estava ao lado do caixão e atualiza todo o tumulto de uma hora antes. O pensamento de Marca minguava, pois era menos um suspeito para desviar a atenção de cima dela. Uma gosma que varia entre o rosa e o amarelo-pus escorre no chão, caindo desde o fundo do caixão. Ambos se abaixam e percebem uma bacia de alumínio posicionada no local errado, ninguém se atrevia a endireitá-la. A sobrinha chega mais perto do ataúde, olha o defunto e vê que não aparenta marca de tiro no rosto. Foi na boca, que devia estar aberta na hora. O entra e sai do recinto é um terror para os impacientes. Marca dorme no ombro do pai no sofá de canto. Sua cabeça fria pensa em ir embora, se casar com um homem rico, ficar em casa ou, na pior das hipóteses, se entregar. A luz natural dá lugar à dos lampiões na madrugada fria. Um pouco assombrada, a menina sente frio e fome, está sozinha deitada agora em duas cadeiras, sem ao menos ter sido levada a uma cama. Não entende bem... Aquela família não gostava dela... O pai havia saído. O delegado Bolero chega ao recinto e vai em sua direção:

— *Bom dia, preciso ter uma conversa com a moça. Por acaso esteve no ateliê de seu tio ontem?*

— *Estive, sim, antes de ir à missa.*

— *Pois bem, notou alguma coisa suspeita?*

— *Sim, vi dois meninos no quintal da casa. Estavam olhando pra dentro enquanto eu acertava pra fazer uns retratos meus. Ia presentear meu pai.*

— *Consegue identificar esses meninos?*

— *Sim, estão bem ali na porta olhando a gente.*

— *Tem certeza? São eles?*

— *Tenho.*

— *Aliás, mudando de assunto, você está uma moça muito bonita. Cuidado ao dormir com a janela aberta.*

— *Como o senhor sa..., como o senhor é gentil e atencioso, seu delegado.*

Naquele instante, Marca pega sua pequena faca e, num corte horizontal, risca o pescoço do homem que fedia a cigarro. As pessoas começam a gritar. Ela passa a mão no chão e bebe o sangue. Sai dançando tal qual bailarina em caixa de música ao som de *Für Elise*, de Beethoven. Uma voz ecoa no salão:

— *Marca, Marca, acorde, acorde! – fala o delegado.*

— *Oi... acho que me distraí.*

— *Você estava com o pensamento longe por um instante, aconteceu algo?*

— *Devo estar naqueles dias, delegado, aí fico assim distraída.*

— Que nojo! Nunca mais fale desses assuntos com um homem. Preciso sair.
— Sim, senhor!

A memória da pequena criava artefatos de toda natureza para executar suas vítimas. Vítimas, no plural. Era ele, era o delegado, mas por que ele a estuprara? Será que todos que a desejavam eram responsáveis pelo terror? E seu tio? Um erro? Suas mãos delicadas, cheiroso, não podia ser ele. Já o delegado, sim, lhe faltava um dente, lhe faltava cheiro bom, mas sua mão? Delicada. Tinha passado muito tempo, não era ele. E seu tio? Precisava sair daquele lugar. O delegado conversa com os meninos e os retira do velório.

O enterro sai, todos acompanham em silêncio. Apenas umas carpideiras, que ganhavam alguns réis, cantam hinos sem ao menos saber o nome completo do defunto. Elas choram tal como

criança com verme nas tripas. Amanhece, o caixão é levado até a igreja para ser encomendada a alma e, em seguida, ao pequeno cemitério. A fotografia do morto já era comercializada durante o trajeto. Em frente ao cemitério, um cordão com dezenas delas penduradas e um cordel já pronto. Caixão arriado nos sete palmos. A viúva oficial, sem chorar, de cara emburrada, atira a primeira pedra. O som seco da pedra na tampa do caixão traz um mau agouro. Durante a semana, Marca ouviria baterem na sua porta e o som seria aquele, o mesmo som oco. Sua imaginação faria com que ela visse o tio sendo enterrado repetidas vezes, olhando e sorrindo para ela.

Marca chega em casa se sentindo mal. Toma um banho. E o delegado que não saía de sua mente! Só podia ser ele o autor do estupro. Mas... e suas mãos? Marca come um pouco de batata-doce com carne--seca, bebe café coado e diz que vai se deitar, não se sente bem por causa da tristeza, no dia seguinte estaria melhor. Ela se deita, puxa o mosquiteiro, encosta a cabeça no travesseiro. Pensamento fixo... Passa a mão no lençol e encontra um pedaço de algo flácido... uma orelha. Acende o fogo do lampião rapidamente e, ao trazer o iluminador, vê duas cabeças ensanguentadas, são as cabeças dos dois meninos. Olhos fechados e boca aberta. Ela tenta gritar, mas não consegue. Os olhos mortos se abrem e das bocas saem *"sabemos que foi você"*.

Marca acorda assustada, suando, e percebe que havia urinado. Mais um pesadelo, bem real por sinal. Já havia amanhecido. Os pássaros, alheios a tudo, cantavam suas belezas, a luz do sol entrava pela fresta da janela sendo delineada pela poeira da estrada que invadia o recinto. O coração desacelerava. Marca estava disposta a ir embora, mas um dia voltaria para se vingar seja lá de quem fosse. Não tinha sido o delegado, suas mãos eram delicadas.

Em *déjà-vu*, enquanto o café da manhã é servido, a menina permanece em silêncio. Olha para seus pais à mesa e surpreendentemente sem medo diz: *"Eu matei meu tio e cortei sua cabeça!"*.

QUEM SUSPEITA DE UMA CARA DE ANJO?

3

Alfredo, o pai, cospe a comida no colo da esposa e congela a visão na filha. A mãe olha para o marido e diz: *"Eu já sabia, eu que mandei ela te contá, senão apanhava"*. O clima estava tão pesado que uma faca cega cortaria o ar. Um galo canta e o mau agouro se impõe. A conversa começa:

— *Por que, minha filha, por quê? Então era isso que ocê tava falando com os moleque?*

— *Ele invadiu meu quarto e tirou meu cabaço, pai. Ele me forçou. Ele disse que, se eu contasse, me mataria.*

— *Mas ocê viu ele, tem certeza disso?*

— *Ver eu não vi, mas sei que era ele.*

— *Quando isso aconteceu?*

— *Foi ano passado, tenho certeza.*

— *Quando?*

— *Agosto.*

— *Ele não estava em agosto na cidade, filha.*

— *Não?*

— *Alguém viu o que você fez?*

— *Aqueles dois meninos viram, eu acho. Eles estão
dizendo pro povo, mas ninguém está creditando.*

— *Vou dá um jeito nisso. Mas, minha filha, ele era
seu tio, por que isso?*

— *Eu já disse.*

— *E se ocê estivé errada?*

— *Eu vou embora, pai, não quero mais ficar aqui.*

O sino da porta badala. Todos se entreolham
e o pai se levanta para atender. Dois jagunços
funcionários da fazenda, fortemente armados,
chegam com o aviso. O delegado estava lá e
queria conversar com a menina, havia suspeitas
de que ela estaria envolvida com a morte do tio.
O pai concorda com a aproximação do delegado
Bolero. Ao adentrar o recinto, já começa a falar:

— *Bom dia, cumpade, desculpa vir até aqui para
conversar este assunto delicado tão cedo da
manhã. Sei que teu irmão acabou de ser enterrado,
mas também sei que vocês não se davam bem.
Queria muito conversar com sua filha e com o
senhor, fazer algumas perguntas.*

— *Comigo pode, com minha filha não. Ela tava na
igreja, tem muitas testemunha. Ela usava um
vestido branco. Se tivesse feito aquilo, taria toda
cheia de mancha de sangue, né?*

— *Calma, só quero conversar com ela, não estou
acusando nem julgando. Me deixa eu fazer meu
trabalho e vou embora.*

— *Não, não vai falá com ela. Ela ainda tá durmino.
Pode ir se retirando de minha casa ou eu peço pros
meus menino conversá com você.*

— *É uma ameaça?*

— *É sim. Quer me prender, aproveita que tô
desarmado.*

— *Passar bem.*

— *Não posso dizer o mesmo.*

O delegado pega o chapéu preto e coloca
na cabeça. Atravessa a porta sem dizer uma
palavra e monta em seu cavalo. Com uma capa,
usando chapéu e montado num cavalo, talvez
atraísse a atenção dos medrosos, e por isso o

chamavam de Lobisomem. Ele segue para o cemitério, a fim de ver o que acontecia por lá.

O pai vai até o quarto da filha, vê que ela está deitada, de bruços. Nada fala. Fecha com cuidado a porta. Marca acordara com a presença do pai, mas finge estar dormindo. Sente vontade de ir até a rua, mas sabe que o pai a impediria, ainda mais agora com o delegado atrás dela.

Passou todo o dia no quarto deitada. Chegou a noite e ela ficou com um pensamento fixo, olhando para a estrada pela janela. Por volta das três da madrugada, Marca se levanta da cama, coloca uma calça preta, uma blusa cáqui, amarra o cabelo, escolhe o chapéu do pai e sai pela porta dos fundos. Vai até o depósito e pega sua faca afiada, que coloca no bornal. Se arma com uma Luger P08 que pertencia ao pai. Confere se está carregada, tudo certo. Atravessa a lateral da casa, se escondendo na escuridão até o estábulo. Escolhe o cavalo mais preto, caminha com ele até a encosta da mata e monta. Segue devagar até a estrada principal e vai em direção à cidade. Tinha que eliminar todos. Talvez até o delegado. Ele não, chamaria atenção demais, ele não. Dez minutos de cavalgada, ela atravessa os quintais até a casa pequena, pobre e cheia de fruteiras na lateral. Amarra o cavalo Puma e atravessa a mureta de varas. Força a porta dos fundos e consegue entrar sem acordar as pessoas da casa. Vai até o quarto dos rapazes e, como aprendeu um ano antes, fecha a boca do primeiro com uma das mãos e com a outra corta sua garganta. Vai até o segundo e faz o mesmo. Arrasta os corpos até a sala, retira suas roupas e os deixa em posição fetal. Ela coloca suavemente a faca na cama do pai. Como ele iria acordar se parecia estar totalmente bêbado? Suja de sangue a roupa do pai e sai pelos fundos sem fazer barulho. Volta para casa e enterra na mata a roupa. Deixa o cavalo no estábulo, se lava na cocheira e nua chega ao seu quarto para colocar o pijama e friamente repousar.

No dia seguinte, seu pai entrou no quarto de Marca gritando que aconteceram mais dois assassinatos na cidade, um pai bêbado matara seus filhos com crueldade. O plano havia dado certo, ninguém suspeitaria daquela carinha de anjo. O pai sabia do que ela era capaz (e estava um pouco desconfiado), mas a filha não saíra do quarto. Assim pensou.

Marca juntara um pouco de dinheiro com a venda de alguns porcos e uma novilha. Seria necessário para a fuga que estava planejando. Timidamente e aos poucos começou a sair de casa... Nada de olhares desconfiados pelas ruas, só o delegado a secava com um olhar misto de interesse sexual e necessidade de resolver os assassinatos recentes. Ela não deixaria isso acontecer.

Duas semanas se passaram e nada de os crimes serem desvendados. Três novas cruzes agora enfeitavam o cemitério local, e as pessoas já oravam para os meninos, chamando-os de santos. *"Que santos? Na procissão do padroeiro, só faltou levarem uma estátua deles, que povo besta!"*, diziam os céticos. Algumas pessoas levavam ex-votos até as sepulturas pedindo graças. Marca ria de tudo aquilo.

A noite chega novamente e com ela o sono. O pai se aproxima da cama, se senta ao lado filha e, com uma mão em sua coxa, o que era incomum, começa a conversar:

— *Tô preocupado com ocê. Não é mais virge. Assim, nenhum homem vai te querer.*

— *Eu não quero homem nenhum, pai, por mim está bom assim sozinha.*

— *Filha minha tem que casar e me dar netos.*

— *Então faça um filho em mainha, não espere nada de mim.*

Marca se levanta e diz que está com dor de cabeça. Pede para ficar sozinha, queria dormir.

O pai, parecendo triste, baixa a cabeça e vai
para a cama. A mãe o esperava já resmungando
com a demora, pois tinham acertado que
fariam amor naquela noite. Ele a rejeita e diz
que não está bem do juízo naqueles dias.

A madrugada se estende e, quando os primeiros
pássaros começam a cantar, Marca percebe que
alguém entrara no quarto. Recebe um murro no
rosto e desmaia, acordando horas depois com uma
mancha preta no rosto. Não consegue pensar, só
sente dor. Ela se levanta da cama com a cabeça
explodindo, atravessa o corredor e vai até a
cozinha. Não há ninguém. Ao ver o relógio da sala
marcando 14 horas, toma um susto. Era um domingo
e costumava dormir até tarde, mas não tanto...
Queria saber quem fez aquilo com ela. Como um
corisco, atravessa o roçado e vai até o pai gritando:

— *Olha o que fizeram comigo!*

— *O que é isso no seu rosto? Andou brigando de
novo?*

— *Alguém me bateu e eu apaguei, poderia ter
morrido. Me diga quem fez isso!*

— *Como vou saber? Coloca mastruz pisado no rosto.*

Marca volta enfezada para dentro da casa, os
trabalhadores parados vendo tudo. Ao primeiro
olhar de reprovação do chefe, eles recomeçam a
trabalhar. Marca vai até o quintal, pega mastruz,
apiloa e coloca no rosto. Fica assim por uma
hora e depois vai se banhar. A tristeza tomava
conta da moça. A depressão parecia chegar
após tantos acontecimentos. Às vezes começava
a gritar do nada, trancava-se em seu quarto
durante dias e não falava com as pessoas da casa.
Ela se mijava durante o sono, tinha vontade de
queimar a casa, matar animais pequenos e até
de se matar. Mas, não, ela não faria isso. Passou
mais um mês juntando dinheiro, mas não era
suficiente ainda para seguir estrada afora.

Marca era uma menina instruída, sabia das
coisas. Após a primeira menstruação, ela aprendera
a contar os dias. Agora, dois meses sem "ficar de
boi" era um péssimo sinal. Ou ela estava nervosa
demais... ou estava prenha. Mas ela não havia
estado com nenhum homem desde o estupro! Era
aquilo mesmo, não tinha sido apenas uma pancada

na cara, sentia que estava grávida do segundo agressor. Isso não podia estar acontecendo... mas sentia que o responsável era seu pai. Aquela noite ele não ficaria vivo. Na semana seguinte, Marca sairia em romaria pela primeira vez até Juazeiro do Padre Cícero, depois não saberia de seu destino... De repente, o coração começa a acelerar e a menina desmaia. Ela não estava preparada para tudo aquilo.

DO PÓ AO PÓ

4

Ao acordar, horas depois, Marca percebe que está amarrada à cama sem motivo aparente. Tenta gritar, mas está amordaçada e com um pedaço pequeno de madeira roliça na boca. Um pesadelo lúcido, acompanhado de breves espasmos musculares, prenuncia a chegada de uma "enervação", que se forma como uma tempestade no horizonte. Marca tenta se virar, mexendo o corpo de um lado para o outro. A cama dá pequenos saltos. Tenta mais algumas vezes, mas lhe faltam forças. O som de quatro botinas no assoalho aumenta. É seu pai, acompanhado do médico. Como a menina está acordada, desamarram-na e retiram o estranho objeto de sua boca.

— *Por que cabrunco vocês me amarraram e me amordaçaram?*

— *Calma, jovem, sem palavrão. Tu estavas muito agressiva e mordias a língua. Assim que desmaiaste, te amarramos para que não te ferisses, mas percebo que estás bem melhor. Teu pai foi rapidamente me procurar. Te dei uma dose forte de calmante feito de folha de maracujazeiro. O que sentes agora?*

— *Estou tonta, nunca fui amarrada, só quando...*

— *Quando?*

— *Sim, filha, quando?*

— *Deixa pra lá...*

— *Vou prepará um café – disse o pai.*

— *Doutor, posso ver sua mão?*

— *Pode sim, o que tem minha mão?*

— *Tão áspera, por que é assim?*

— *Trabalho no sítio, gosto muito. Antes de ser médico eu trabalhava na lavoura e não larguei o hábito. Por quê?*

— *Nada, curiosidade, apenas isso. Há quanto tempo o senhor é médico da família?*

— *Há 17 anos. E pretendo conviver com vocês para sempre. Sabias que eu quase me casei com tua mãe?*

— *Meu pai conta essa história sempre em tom de piada. Foi verdade?*

— *Sim, foi. Mas éramos jovens, e ela fez a escolha dela e eu a minha. Sabias que tu pareces muito com ela quando tinha tua idade?*

— *Já vi retratos dela jovem, lembra mesmo.*

— *Muito linda, você. Bem, preciso ir embora agora. Teu pai deve ter ido pegar o café. Mas tu não tomes café por um tempo, teus nervos estão arriando.*

— *Tudo bem, não faço muita questão mesmo. Uma última pergunta, doutor. Você tem medo da morte?*

— *Convivo com ela, aprendi a respeitá-la. Não temo a morte.*

O pai de Marca entra no quarto com duas xícaras de café, percebe que eles conversavam bem perto um do outro. Doutor Môniclo toma seu café. Marca está estática na cama e já arquiteta como mataria o médico. Era ele. O doutor tinha acesso à casa, sabia como chegar a seu quarto, já gostou da

mãe, era parecida com ela... talvez isso despertasse algo nele. Marcaria uma consulta, levaria um presente da fazenda, uma manga, talvez, recheada de veneno que o mataria em instantes. Iriam desconfiar... Mas ele precisava morrer... Teria que ser um veneno que o matasse horas depois, será que existe algo assim? O primo de Marca estudava farmácia, talvez pudesse ajudá-la. Não, seria muito difícil controlar aquele tagarela. E se ela pegasse um rifle e o acertasse na cabeça quando passasse por sua casa? Bem, ele era o responsável, ele...

— *Marca, conheço esse olhá. Nem invente de fazer mal ao médico, ele não pode ser o responsávi – falou o pai.*

— *O senhor já sabe o que me aconteceu?*

— *Sua mãe me conta tudo que ocê fala pra ela. Acho melhor ou se calá ou contá direto pra mim.*

— Por que o senhor acha que não é ele?

— Porque ele não gosta de muié. Aliás, ela não quis casá com ele justamente por isso.

— Então é capaz de uma vingança contra minha mãe...

— Ara, ele teve vinte anos pra fazê isso e não fez, por que faria agora?

— Porque sou já uma moça.

— Era uma moça.

— Preciso me levantar.

— Promete que vai ficá calma, por favô.

— Prometo, mas terei que sair agora, preciso do cavalo.

— Vai pra onde?

— Preciso ver a velha Aristeia, ela pode me ajudar a entender o que estou passando.

— Vai vê aquela bruxa?

— Vou.

Marca toma um banho, troca de roupa e segue a estrada leste no sentido do sol nas costas. Ruma para uma casa de barro, acanhada, na encosta de uma serra onde ninguém ousava chegar. O calor queimava até pedra, não era humano aquilo. A seca já dava seus primeiros suspiros lavais na nuca. Os homens estranhavam uma menina montando a cavalo e viajando sozinha. A beleza de Marca era admirada, os tempos de gorda tinham ficado para trás. Exibia agora o corpo delineado, com peitos fortes. Aquela combinação de cabelo preto e olhos azuis era rara na região.

Você, leitor, deve estar se perguntando: *"Quem narra tudo isso afinal?"*. Pois bem, eu poderia dizer vários nomes. Posso estar em todos os lugares ao mesmo tempo, até aí do seu lado agora. Ainda não é hora de dizer quem sou, mas direi, eu juro! Foco na narrativa.

A casa pequena ao longe se torna grande em minutos. Como se adivinhasse, a velha curandeira já recebe Marca com um sorriso desde a porta. E diz:

— *Eu já te esperava, por que demorô tanto?*

— *Como sabia que eu viria?*

— *Sou sabida, preciso muito te vê de perto. Por que matô aquelas pessoa?*

— *Co-como você sabe?*

— *Teu segredo tá guardado comigo. Não se preocupe, meu fim tá próximo.*

— *Preciso saber quem me estuprou, preciso de verdade. Te pago o que quiser, mas me diga, só assim farei o justo com a pessoa certa. Eu vou comer os olhos daquele...*

— *Bem, sabê quem é não posso, mas posso te protegê de algum mal. Aquilo despertô algo em ocê. Vem, senta aqui, vou ali pegá um ramo pra te benzê e fechá teu corpo.*

— *Tudo bem, mas eu não preciso disso.*

— *Todo mundo precisa.*

Aristeia chega com uma rama de mato na mão direita e começa a passar no corpo de Marca, enquanto fala algo baixo. Em menos de um minuto, para de falar e grita:

— *POR QUE OCÊ TÁ AQUI?*

— *Oxe, o que eu fiz?*

— *NÉ TU NÃO!*

— *E quem é?*

— *ELE QUE TÁ TE MANIPULANO, TE CONTROLANO. ELE TÁ DIZENO QUE TÁ ESCREVENO TUDO QUE TÁ ACONTECENO, ATÉ NOSSO ENCONTRO.*

— *Que loucura é essa?*

Bem, leitores, a mulher é boa mesmo, ela me notou aqui do lado de fora em frente a esta velha máquina de escrever. Vou voltar à narrativa.

— *Marca, vai embora e nunca mais volte. Pelo amor de Deus, se mate!*

— *Eu não vou me matar. Bem que meu pai diz que você é doida.*

— *Seu pai tem culpa de eu sê assim, pergunta pra ele.*

— *Vou perguntar nada, pra mim chega.*

— *Sou sua avó!*

Atônita, a jovem pega sua taca e sobe no cavalo. A velha olha para a pequena saindo em disparada e se benze. Uma ventania muito forte balança as árvores. Um assovio de saci ecoa na casa. A velha sábia vê uma cobra-coral se arrastando entre seus pés. O vento cessa, o assovio não se repete, a cobra some e, como se lhe faltasse o coração, a velha cai feito mamulengo. A morte lhe faz companhia. Seu corpo apodrece durante semanas, seca durante meses, e anos se passam sem que a encontrem ali. Do pó ao pó. Um vento passa e faz jus ao nome popular da morte súbita.

O tempo recua, Marca chega em casa decidida a ir embora, mas antes levará consigo a quarta morte.

UMA ASA-BRANCA NO TEMPO DA ESTIAGEM

5

A morte é democrática. Cedo ou tarde, todo ser humano morre. Marca carregava consigo a *marca* da besta, estava amaldiçoada com o fervor sanguíneo que a conduzia ao crime. Ao chegar a casa, retira da bolsa suas roupas, que já estavam arrumadas para a viagem a Juazeiro do Norte. Ela levaria o mínimo possível. Um pouco de comida e suprimentos, o suficiente para chegar lá. Marca não estava preocupada, não esboçava reação alguma quando alguém se aproximava dela para fazer uma pergunta. Pelo fato de ser rica, as pessoas não suspeitavam dela. Mas o delegado, sim. Ele estava muito atento e queria a cabeça do criminoso ou da criminosa – por que não? – numa bandeja.

Era dia de feira na cidade. Esse aglomerado arcaico sempre abre espaço para construções idiossincráticas numa sociedade pacata e contraditoriamente violenta. Eleitores do partido em voga, estes, sim, se sentiam os próprios jagunços ou a encarnação do satanás. Após tomar café sozinha, como passou a ser seu novo costume, a jovem foi dar uma volta na feira para comprar alguns mantimentos de forma a não levantar suspeita sobre a falta de produtos na despensa da casa. Comprou carne-seca, queijo, rapadura, café em pó, uma pequena pedra de amolar faca e duas tesouras. O vendedor de remédios ineficazes estava gritando e recitando versos com seus placebos na mão. Aos seus pés, um caixote cheio de cobras. Um cheiro de cânfora se espalhava no ar. As pessoas pareciam extasiadas. O jogo do preá fazia sucesso com apostas pequenas, mas divertidas. Perto, dois repentistas com pandeiros na mão disputavam quem conseguia pensar mais rápido. Marca se aproxima e grava em sua memória aqueles versos tortos e rimados. Após alguns sorrisos, vê que o violeiro cego e solitário adiante lhe estende a mão para pedir moedas, a fim de improvisar uns versos. Como ele sabia que ela estava ali? Dizem que, no sertão, todo violeiro cego consegue enxergar a alma da pessoa. É um ser sagrado. Muitos dizem que Jesus se fantasia de cego para ver quem é bom ou mau. "Melhor não arriscar", pensa a moça. Mal ela paga, pessoas se aproximam e o violeiro começa:

Vê bem, moça donzela
Presta muita atenção
Nestes versos tão medonhos
Improvisados ou não
Do cego Mané de Deia
Vou trocando uma ideia
Com o povo do sertão.

Tua voz feito uma seda
Tem o tom da sabiá
O caminhado da briba
O sorriso do jaguar
O dinheiro do banqueiro
A alma de homem festeiro
Que não há neste lugar.

O medo de assombração
Te faz o mundo correr
Subiu o sangue nas ventas
Quase que ia morrer
Mas sua vida era bela
Agora não é mais aquela
Menina que ia ser.

Resta agora tu rezar
Pra num morrer por aqui
Teu tempo tá se acabando
O relógio eu ouvi
O sol já no horizonte
Bebendo água da fonte
Não sou homem de mentir.

O povo começa a bater palmas, o cego para de tocar sua viola. Se aproxima de Marca e diz ao pé do ouvido:

— *Corra, moleca, corra! Tic! Tac! Tic! Tac!*

Marca se afasta, atravessa empurrando a multidão e sobe no cavalo. Dispara cortando o vento, era a hora de ir embora. Antes de o cavalo parar, ela salta e entra em casa correndo. Seu pai estava tomando café com cara de preocupado e conversando com uns amigos. Pede licença e se aproxima dela:

— *Que foi, menina, que arribação é essa?*

— *Tenho que fugir, pai, o cego na feira sabe de tudo. Ele contou ao povo todinho. Se chegar no delegado, ele me pega.*

— *Mas ocê vai pra onde?*

— *Não posso dizer. Preciso de mais dinheiro. Já comprei comida e vou com ou sem sua permissão, melhor que seja assim.*

— *Tudo bem, mas é mió não dizê nada pra sua mãe. Ela tá de cama, não tá se sentindo bem.*

— *Vou lá ver minha mãe e vou me embora. Prometo não contar nada.*

Os dois se abraçam pela primeira e última vez. Marca sobe as escadas até o quarto da mãe e, ao chegar lá, vê um homem alto, de botas, bigode fino enrolado e chapéu preto. Usava um sobretudo marrom, mesmo estando muito calor. A menina dá uma frenada na porta e, em seguida, dois passos para trás. Olha para a mãe, que parecia dormir. Ela se aproxima aos poucos, pega de seu bornal a faquinha de estimação com uma das mãos e, com medo do homem desconhecido, pensa em atacar. Não o faz. Junta toda sua força e se aproxima da cama. A mãe havia morrido. O olhar periférico esquerdo olhava o homem; o direito, sua mãe, num misto de foco e desfoco. Tristeza. Nenhuma lágrima escorre na sua face, aliás, jamais havia chorado desde que nascera. Marca pergunta:

— *Quem é você?*

— *Sou o novo médico da família. O antigo foi embora. Sou novo na cidade.*

— *O que houve com o outro?*

— *Dizem que ele foi ameaçado de morte e por isso pegou a estrada. Não queria ficar mais aqui.*

Marca sabia que seu pai havia tirado o doutor Môniclo da área. Mesmo desconfiada, acredita quando o homem afirma que a mãe já estava morta quando ele chegou. Era melhor descer e comunicar ao pai. A filha beija a testa gelada da mãe e, sem esboçar emoção, desce e comunica ao pai quase em tom de boa-tarde. Ele baixa a cabeça e diz: *"Vamo prepará o enterro. Deixa pra ir embora depois do velório, por favor"*. Marca não queria ficar, mas tudo havia mudado. A mãe era uma santa, não precisava morrer tão jovem. Outro homem que tinha um histórico perverso também morrera coincidentemente na mesma hora na cidade. Seu nome era Nestor e já havia matado, estuprado e espancado muita gente. Dizem que ele castrou um homem só porque este havia dado um bom-dia à sua esposa. Era um monstro sem punição, mas morreu dormindo sem sofrer e sorrindo para o mundo. Que decepção!

O velório da mãe foi marcado por muitas flores, rezas e toda a sociedade se fez presente. No de Nestor, só um filho, que não o via por anos, apareceu para acender uma vela. O enterro da mãe foi um grande evento. No do homem, havia apenas um caixão, que foi levado por uma carroça e jogado num buraco no cemitério, sem nome e sem fé. Ambos foram enterrados no mesmo lugar: o bem e o mal.

Na missa de sétimo dia, dizem que na ala leste do cemitério, onde a mãe de Marca estava enterrada, subiu um perfume forte de flores. Era sinal de que um anjo havia nascido. Na ala oeste, um fedor de carniça se estendeu até para fora do sepulcrário. Uivos durante a noite saíam dali, as pessoas diziam que Nestor tinha virado bicho. O bispo veio até a cidade, rezou em latim, desenterraram o homem e lacraram seus restos mortais,

que ainda estavam intactos depois de semanas.
O mau cheiro, os uivos e o medo cessaram.

Marca não tem mais razão para ficar em casa.
Enche seu alforje, carrega as armas, prepara tudo,
monta em seu cavalo Puma e, antes de os pássaros
cantarem, por volta das quatro da madrugada, parte
para o desconhecido. Ela sabia onde queria chegar,
mas não sabia se chegaria. E se estivesse mesmo
grávida? O delegado queria matá-la... Que vida
desgraçada! Ela fugiria e quem sabe um dia voltasse
para a casa do pai. A estrada se abre para ela. Seu
olhar seca com o vento. As parcas luzes do vilarejo
se despedem ao longe. Ela olha para a frente,
respira fundo e mete a espora no cavalo, que, como
resposta, baixa a cabeça e voa como uma asa-branca
no tempo da estiagem.

RESTO DE GENTE SEM ALMA

6

O sol cruzava o céu numa velocidade jamais vista. Cada mês que passava, a menina se sentia mais mulher e nunca sentira tanta fome e sede. Sua pele descascava, sua voz não era a mesma. Sua barriga inchada de gases, água ou vida? A dor a dilacerava de dentro para fora. A poeira maltratava seus pulmões e o clarão do dia destruía suas retinas. As mortes cessaram por hora, nem alma penada existia naquelas terras pernambucanas, nem nos cemitérios em que Marca dormia às vezes. Evitava passar por dentro das cidades, temia que alguém notasse algo errado naquela visagem nada habitual: uma donzela vagando sozinha pelo mundo. A seca era tão grande que nem cobra trocava pele, e o couro de boi morto desaparecia como pedra d'água. A comida acabara. Dinheiro ainda tinha muito, mas de que adiantava ter fortuna e não poder usá-la? Dias depois ela encontrou meios de se abastecer até sua chegada a Juazeiro. Um jovem vinha na estrada, ela deu sinal e ele se aproximou, mas com medo do cavalo:

— *Menino, tem cidade perto?*

— *Tem não, senhora.*

— *Onde eu posso comprar alguma comida por aqui?*

— *Na cidade adiante.*

— *Mas você não disse que não tinha cidade?*

— *Tem, mas não perto. Fica bem lá diante, umas quatro horas de viagem.*

Marca seguiu, deu água ao cavalo num tanque arredondado que se alongava até a estrada. Não entendia como havia tanta água no meio de uma caatinga daquela. Era um milagre! Se fartou de água, mas a fome começou a apertar. Olhava do alto para ver se encontrava algum sinal de vida.

Após uma noite inteira cavalgando, o sol começou a aparecer e uma casa apontou ao longe. Uma fumaça preta saía da chaminé, devia ser gente fazendo comida ou queimando lixo. Todo cuidado era pouco. Naquelas bandas as pessoas costumavam atirar antes de perguntar algo. Amarrou o cavalo a uns cem metros de distância e seguiu caminhando até a porta lateral da casa. Gritou:

— *Ô de casa! Tem alguém em casa? Sou mulher e de paz, tô sozinha.*

O vento cessa, as plantas param de se mexer. Uma nuvem grossa cobre o sol jovem e avermelhado. Dois pássaros que cantavam emudecem. Por um instante, Marca teve medo, mas de dentro da casa sai uma mulher alta, branca como leite, vestido escuro, lenço na cabeça, sandália gasta de couro, bochecha amarelada. Aparenta ter entre cinquenta e sessenta anos. Marca esboça um sorriso e quebra o silêncio com uma mentira:

— *Meu nome é Ritinha. Venho de longe e não tenho o que comer. Sou romeira e pra lá estou indo ver meu padim pade Ciço. Se tiver alguma coisa pra mim encher o bucho, eu posso pagar.*

— *Se aproxime, moça, carece pagar nada não, tem carne suficiente para nós duas. A casa é pequena,*

mas não tem
avareza por aqui.
— Mora com seu
marido?
— Não. Agora é eu
e Deus, minha
filha, eu e Deus.
Tu tem fé?
— Tenho muita não,
mas acredito
em Deus.
— "A fé é a certeza
daquilo que
esperamos e a
prova das coisas
que não vemos."
— Hebreus 11,
versículo 1.
— Eita que a moça
é prendada.
— Lia muito a Bíblia
em minha casa.
— E por que fugiu?
— Quem disse
que fugi?
— Tudo bem, não
vou me metê. Pode
entrá, sente aqui
que vou pegá um
pedaço de carne
para assá pra
gente. Tem cuscuz
pra aprontá e
café. Gosta?
— Sim, muito. Vai ser
a primeira refeição
decente que tenho
em meses.
— Fico feliz de ter
companhia, há
anos não recebo
visitas. As pessoa
da região são
muito estranha.
— Estranhas como?

57

— *Elas não gosta do que não entende.*

— *Eu te entendo.*

— *Sério? Tô feliz.*

Novamente a mulher variou de um sorriso quase em câmera lenta para uma cara emburrada. Isso não afetava Marca. Precisava se alimentar e seguir viagem.

Cuscuz pronto, café quente, e a carne de algo que parecia um bode retalhado que estava pendurado à porta foi retirada do espeto de madeira ainda ardendo em chamas. Uma carne gordurosa, mas que valia cada mordida. A mulher também comia e se preocupava em saber se a carne estava do agrado. Marca acenava positivamente com a cabeça e em seguida pedia mais. Precisava se alimentar e queria levar um pouco dentro da farinha para comer na viagem. A conversa segue:

— *A senhora sempre morou sozinha aqui?*

— *Não, nada, meu netinho de dez anos morava comigo até antiônti.*

— *Ele foi embora com a mãe ou o pai?*

— *Não, eu matei ele, tratei e salguei. Ocê tá cumeno ele agora, num é uma carne boa?*

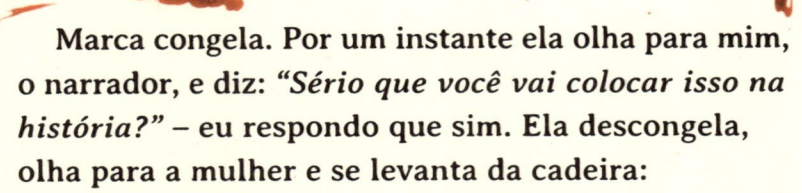

Marca congela. Por um instante ela olha para mim, o narrador, e diz: *"Sério que você vai colocar isso na história?"* – eu respondo que sim. Ela descongela, olha para a mulher e se levanta da cadeira:

— *Eu estou comendo carne de gente? Que loucura é essa?*

— *Não é loucura, é fome!*

— *Mas tem caça no mato, você cria galinhas e bodes, por que isso?*

— *Eu só queria experimentá... e você tava adorando... então senta aí e come!*

A mulher segura uma faca amolada em tom

ameaçador. Marca tem que continuar comendo
e come. A respiração ofegante de ambas se
misturava ao som do vento passando por
uma das janelas. A conversa segue:

— *Você vai me matar com essa faca?*
— *Ocê qué que eu te mate com esta faca?*
— *Ninguém quer morrer com essa faca.*

A fome já havia passado e o medo estava
contagiando até o gato cadavérico que se esfregava
no pé da mesa. Um tiro é ouvido ao longe e ambas
se olham e olham depois para fora. Era a chance
de Marca escapar e pegar a arma que estava no
alforje, no cavalo. Elas voltam a se entreolhar.

— *Qué saí daqui viva? Eu deixo ocê ir, mas tem que
levá algo contigo.*
— *Eu faço qualquer coisa para sair daqui viva.*
— *Leva meu esposo, ele tá amarrado naquele quarto.
Leve o cabra e enterre longe daqui.*
— *Eu não vou matá-lo.*
— *Não vai precisar.*

Marca se levanta, vai até o quarto e, ao abrir
a porta, encontra uma mancha preta na cama,
carne podre de um homem em idade adulta. A
mulher diz que amarrou o marido e esqueceu de
alimentar o pobre coitado. Precisa ser levado e
enterrado ou o espírito dele continuará rondando
sua casa. Marca não tinha saída, teria que levar
aquele resto de gente com ela. Estranhamente
não exalava cheiro algum vários meses desde sua
morte. O esqueleto mumificado era uma cena
terrível, mas Marca dava conta de tudo aquilo,
ela escolheu passar por tudo que acontecia.

O resto de gente sem alma foi envolvido num
lençol e levado até a porta da casa. Tudo estava em
silêncio. Sem olhar para trás, Marca segue até o
cavalo, joga o pacote na garupa, monta e sai. Dez
minutos de cavalgada depois, ela recobra os sentidos.
Encontra um cemitério abandonado que, por obra
do destino, estava aberto. Abre uma cova rasa na
areia com as mãos, joga os pedaços de morte dentro,
retira os anéis de ouro e uma corrente do pescoço do
morto e leva consigo. Seria o pagamento de Caronte?
Marca começa a rir sentada numa lápide antiga,
olha para a cruz de gravetos improvisada e pensa
alto: *"Que jeito merda de morrer esse, né, peste?!".*

UM
NO OLHO
DO OUTRO

7

Bolero olha seu relógio de bolso: exatamente meio-dia. Soca-o de volta e se benze. Um burro começa a anunciar a hora, exatamente com doze rebusnadas.

Neste momento, você, leitor, deve estar se perguntando *"quem é mesmo esse tal de Bolero; já apareceu antes?".* Bem, eu poderia dar uma dica, mas deixarei à sorte de uma boa interpretação e lembrança da leitura atual.

Nenhuma alma atravessava as ruas do vilarejo, e apenas uma pessoa estava na mente daquele homem. Ele tinha certeza de que Marca era a responsável por todas as mortes trágicas da cidade nos últimos tempos. Nos anos anteriores a 1931, poucas mortes foram registradas no local, nem matadas, nem morridas. Para o povo, tudo era desesperador, nunca se abriram tantos buracos no cemitério quanto nestes últimos tempos. Bolero, o delegado (enfim, lembra?), foi até a casa de sua suspeita várias vezes, mas não conseguiu sequer um depoimento da moça. Havia protecionismo sem lógica naquilo tudo.

A noite caiu ligeira e, diante do pequeno quartel, dois soldados estão conversando na calçada. Nisso chega o chefe:

— *Por favor, quero que um de vocês fique vigiando a casa de Alfredo. A qualquer movimentação estranha, principalmente da filha, quero que venha rapidamente me avisar.*

— *Eu vou, mas do que se trata?*

— *Apenas vá, é uma ordem.*

O soldado apaga o cigarro com a ponta da bota. Entra rapidamente no quartel, passa em frente a duas celas onde havia três presos (dois em uma e um isolado), tudo muito silencioso. Pega uma caneca e enfia no pote. O tibum ecoa pelas paredes iluminadas por um candeeiro de Querosene Jacaré. Ele bebe sua água, enche o cantil e sai a pé. Chega até uma pequena mata ao lado da estrada, no lado oposto à casa da moça, e atravessa. Monta guarda durante quase toda a noite e nada de estranho acontece. Mas, por volta das quatro da madrugada, vê a filha de Alfredo sair da casa como se estivesse desconfiada, depois montar em seu cavalo e sair em disparada. O soldado corre para avisar ao chefe, que estava numa rede dormindo no quartel:

— *Chefe, a garota se escafedeu.*

— *E por que você não pegou ela?*

— *Eu não recebi ordem pra isso.*

— *Pra onde ela foi?*

— *Seguiu pro norte. Essa menina é doida de sair sozinha por essas estradas infestadas de bandido e mal-assombro.*

Bolero pulou da rede e começou a arrumar suas armas e munição. Parecia afoito e resmungava sozinho como sempre. Brigava sem motivo com os presos, e estes riam baixinho. Os dois soldados, que já avistavam o fio rubro do amanhecer acompanhado do som dos pardais brigando nos galhos secos das árvores na rústica praça, ofereciam ajuda:

— *Qué que a gente vá atrás dela?*

— *Não, eu vou sozinho. Pelo que sei, ela nunca saiu daqui... ela não vai longe. No mais, é só uma moleca.*

— *Por que tu qué ela?*

— *Ela precisa ser interrogada, toda aquela família precisa.*

— *Por quê?*

— *Você pare de fazer perguntas, já sabe o suficiente. Agora, continuem aqui e eu vou seguir pela estrada. Antes do meio-dia eu volto. Se alguém perguntar por mim, diz que fui pra capital.*

O delegado monta em seu cavalo, coloca sua arma e uma caixa de balas colada à sela, ajusta o chapéu e parte. Atravessa a lateral da igreja, passando por um casal de cachorros enganchados como dois cadeados. Pega a estrada que segue para o norte, vê o mato. Ainda estava escuro, mas a vista já se adaptara à penumbra. Ao ver a casa de Alfredo, reduz a velocidade do cavalo e segue prestando atenção em qualquer movimento do ambiente ao redor, pois Marca poderia ter voltado nesse meio-tempo. Na primeira ladeira, os pés do cavalo levantam água de um pequeno córrego do rio e, ao olhar para a esquerda, vê que um cano de fuzil sai de dentro da mata e aponta em sua direção. O delegado tenta pegar a arma, mas recebe o primeiro tiro no peito. Gira em torno do próprio corpo e vê seu lado esquerdo atravessado por uma bala que não penetrara o osso. Ele cai do cavalo e, sangrando, percebe a presença de um vulto que fala baixinho:

— *Pra onde tu vai nessa pressa, seu moço?*

— *Por que atirou em mim, diabo?*

— *Pense bem, eu poderia ter atirado em sua cabeça. Levanta, deixa de frescura e vá na frente. Vou te seguindo.*

Quanto mais passos eles davam, mais claro o vulto estranho se mostrava. Os dois chegaram à casa, foram até os fundos e desceram uma pequena escada que levava a uma adega subterrânea. O delegado, com o cano de uma arma grudado nas costas, atendia a todos os pedidos sem reagir. Foi amarrado a uma coluna que no passado servia para castigar escravos. Olha na direção do seu carrasco e diz:

— *Por que tá defendendo sua filha, seu miserável?*

— *Ela não teve escolha. Ocê tem, compadre.*

— *Todos temos escolha, homem de Deus. Me solta e vamos trazê-la pra ser julgada perante a lei.*

— *Nada de lei, tu vai é matá ela e cortá a cabeça dela pra se exibir por aí tirando retrato. Atrás de bandido famoso não vai, né? Se caga de medo! Mas de uma criança como Marca tu vai atrás, faz questão de se achá o machão.*

— *Tua filha é mais perigosa do que tu imagina, me solte antes que ela mate mais gente.*

— *Como tu sabe que ela matô gente?*

— *Você acabou de me dizer sem querer.*

Os dois estão um no olho do outro, um querendo proteger o que mais amava; o outro querendo seu grande prêmio, talvez uma promoção. A corda aperta o ferimento, o sangue desce com muita violência. Alfredo amarra um pano na boca de Bolero, sai da adega já com sol alto e o deixa lá para morrer sangrando. O cavalo é solto no pasto para se misturar aos outros.

Ratos atravessavam as garrafas horizontais na adega, ao som de pessoas caminhando no lado de fora. O acender e o escurecer através da fresta da porta se fizeram por cinco vezes. Fezes e urina se misturavam na calça do delegado, e nada de alguém aparecer para salvá-lo. A desidratação extrema era causada pela dor de barriga. A corda de seu pulso começava a afrouxar. Seria a umidade ou a magrém rápida chegando? Finalmente Bolero conseguiu soltar as mãos e a boca, mas não tinha força suficiente para caminhar. Caiu de lado, olhando os litros de vinho. Foi se arrastando por quase duas horas. Pegou uma garrafa, arrancou a rolha com o dente e bebeu como se aquilo fosse a água mais pura no meio do maior deserto do mundo. Havia também queijo, e ele comeu mais do que os ratos. Percebeu que o ferimento não estava gangrenado, mesmo assim pegou vinho e misturou com terra para colocar no local. O pano da boca serviu para segurar o emplasto improvisado no ferimento. O organismo começou a reagir, o sono profundo chegou com um desmaio.

Ao acordar, era noite. Percebe um calor em seu corpo, energia nunca sentida na última semana. Os sete degraus mais parecem a escadaria de Monte Santo, na Bahia. Sua força ainda não está restabelecida. Encosta na porta

e espera alguém passar. Ao ouvir o som de passos, bate três vezes para chamar a atenção. Quando percebe a aproximação, ele fala baixinho: *"Me acuda"*. Pronto, a porta se abre para fora. Um chute rápido a fez se chocar com o único jagunço que fazia ronda naquela noite. Bolero rende o cabra, toma sua arma e vai até a casa. Faz o jagunço pedir ajuda, dizendo que o celeiro estava pegando fogo. Ao abrir a porta, o pai de Marca vê a cena saída de um pesadelo. Fecha os olhos e recebe a ordem de prisão. Bolero pega a faca do jagunço e o mata com um corte rápido no pescoço. O pai de Marca é levado na escuridão até o quintal da casa e recebe a ordem para que cave um buraco de exatos sete palmos. Após todo o trabalho, o corpo do jagunço é jogado. Em seguida, Bolero pede para que o compadre deite por cima do morto. A terra começa a ser jogada sobre os dois, o ódio do delegado é mais que cruel. A última pá de terra... e ainda se ouvem os gritos na imaginação daquele homem.

Bolero entra na casa, toma banho, tira a barba mas deixa o bigode, se perfuma, pega uma foto de Marca num porta-retrato e se veste com a melhor roupa estendida no varal. Escolhe o melhor cavalo, abastece seu alforje e segue na estrada agarrado a sua ira. Em poucos dias, ele traria Marca num caixão ou numa bolsa de feira... Meses se passaram e nada de encontrá-la, mas ele já havia caçado onça mais sorrateira.

FAÇAM DAS CABEÇAS UM TROFÉU

8

Marca tinha cinco meses de vantagem em relação a Bolero. Dava muito tempo de se esconder e se preparar para o pior, mas ela não sabia o que acontecera com o pai. Conseguira um pouco de comida em uma bodega de beira de estrada, pagando muito mais do que aquilo valia. Homens bebendo pinga olhavam desconfiados, nada de anormal por aquelas bandas. O Ceará estava bem à sua frente, assim diziam: *"Quando o sertão seco mudar pro verde do Araripe e as grandes serras se espalharem pelo sertão, entrarás no Crato"*. Parecia mais uma profecia de Antônio Conselheiro ou Antônio Silvino.

Estradas infinitas se esticavam, pássaros voavam muito alto como se quisessem escapar do calor. Uma frondosa cajazeira aparecia logo após a centésima ladeira enfrentada. Marca tinha costume de contar tudo, inclusive estacas, cobras e pessoas que passavam por ela na estrada, era uma forma de se distrair. Para embaixo da cajazeira, amarra o cavalo e percebe uma casa grande logo adiante. Seu dinheiro era suficiente, mas um pouco a mais não era de se rejeitar. Analisa a pistola, prepara o punhal e espera anoitecer. Ela entraria tranquilamente, retiraria o que pudesse e sairia sem que percebessem.

Quando os ponteiros do seu relógio se encontram para cima, ela entra por uma grota que há anos não via água, segue por ela e faz uma curva para a esquerda que dava justamente na lateral da casa. Havia catado um cajá e estava roendo o caroço de tanto nervoso. Matar era uma coisa, mas roubar? Era muito diferente. A morte é de supetão, é necessidade. Nunca tivera desejo de tirar do outro o que não lhe pertencia, agora era a hora. Corre mansa até o curral, de olho no movimento da casa. Parece vazia, nenhuma luz acesa, nenhum som, nem bezerro preso no curral. Ela fica mais tranquila, mas não menos atenta, quem sabe alguém gostasse do escuro tanto quanto ela? Adentra a casa sem dificuldade, a porta estava aberta. O silêncio só é interrompido pelo vento que atravessa a fresta da janela. A lua no horizonte e a luz de cristal entrando ali pelos diversos furos de bala nas paredes. Marca vê algo diferente no chão e pega. É uma mão arrancada. Ela não solta a coisa com violência, apesar de assustada. Seu espírito estava preparado para enfrentar clichês literários. Eu sei bem o que se passa pela cabeça da criatura:

— *Cabeça de quem? De quem é essa voz?*

— *É minha, Marca, novamente, o autor do livro. Tá em apuros, né?*

— *Tô, e a culpa parece que é sua. Você é algum tipo de deus?*

— *Se você entender por esse caminho, sim. Mas, na verdade, sou apenas alguém sentado em algum lugar do mundo escrevendo tudo o que você está passando.*

— *E você pode mudar tudo neste exato momento?*

— *Posso. O que escreverei ainda não decidi, então*

não existe. Mas seria injusto de minha parte
escrever inverdades. Aquela mão, por exemplo,
poderia ser uma flor. Olhe atentamente agora.
— *Isso é bruxaria da pesada. Era mão, por que uma*
flor agora?
— *Para te mostrar do que sou capaz.*
— *Quero te ver, me diz onde você está.*
— *Na hora certa você saberá onde estou e virá até*
mim, eu preciso de você.
— *Precisa?*

Um barulho estranho vem da cozinha. Marca
esquece que estava falando comigo e olha de
volta para a lua gigante que pairava sobre uma
montanha ao leste. Solta a flor de cinco pétalas
e saca a arma, conferindo se ainda é uma arma.
Resmunga alguma coisa para mim e segue até a
cozinha. Tudo vazio e fétido. Acende um lampião
e se depara com uma chacina sem tamanho,
pessoas cortadas em pedaços se espalhando pela
cozinha. Dois gatos e um cachorro saboreiam a
carne humana, mas há um rastro de sangue até o
quintal. Ela segue as manchas segurando o lampião
com a mão direita e a arma com a esquerda, atenta
e esperando o pior. Precisava saquear, mas antes
seria necessário averiguar se está sozinha.

Caminhando pelo quintal, percebe duas
pessoas enforcadas numa mangueira. O coração
de Marca acelera pela primeira vez naquela noite.
Assassinato ou suicídio? Quem teria matado toda
aquela gente? Provavelmente já levaram tudo.
Mais adiante, grunhidos de porcos no chiqueiro.
Estavam alvoroçados, como se houvesse uma
festa no céu ou uma revolução na terra. Ela se
aproxima e vê um homem vivo sendo comido
por um dos braços. Ele pede socorro, ela percebe
seus pés e mãos amarrados. Ela abre a porteira,
os porcos saem. Ela desamarra o coitado.
Marca se levanta, aponta o revólver e diz:

— *Vai me dizendo o que aconteceu.*

— *Tira essa arma da minha cara... Se eu tivesse algo
a ver com isso, tava nesta pocilga?*

— *Você mora aqui?*

— *Moro, sou o vaqueiro da propriedade. Entraram
homens estranhos aqui e fizeram tudo isso.*

— *Cangaceiros? Volantes?*

— *Não. Eram homens bem vestidos e encapuzados,
não abriram a boca. Atiraram e começaram a
matança. Enforcaram minha esposa e minha filha
na minha frente, me amarraram pelos pés e mãos,
para que eu fosse comido ou sobrevivesse para
contar a história, não sei. Isso foi hoje pela tarde,
não sei o que vou fazer...*

— *Teu chefe morreu?*

— *Não, meu chefe tá viajando. Quando ele chegar,
vai ser outro inferno. Meu Deus, eu vou me
matar...*

— *Ei, se mata não. Me mostra onde tem dinheiro na
casa e comida primeiro. Salvei tua vida. Pega um
cavalo e vai até a cidade, eu não posso ir...*

— *Tu tem algo a ver com tudo isso?*

— *Não, nem sou daqui. Eu vim pedir água, só isso. E
preciso de dinheiro pra seguir viagem.*

— *Eu vou com tu, eu tenho que sair daqui.*

— *Comigo não, você fica pra resolver as coisas. Eu
salvei tua vida, lembra?*

O homem mostrou a Marca onde estocavam a
comida e disse que tinha pouco dinheiro na casa.
Também ofereceu uma caixa de munição. E se os
jagunços voltassem? E se a polícia local fosse a
responsável? Como contar tudo isso? Marca ficou

fuçando a casa enquanto o homem ia até a cidade mais próxima. A grave ferida em seu braço o impossibilitava de seguir mais rápido a cavalo. Foi o tempo suficiente para Marca se resolver e sair dali.

Escondida numa pedreira acima da casa-grande, Marca vê a chegada de um carro e depois vários cavalos com a polícia local. Pensa em ir até lá, mas não pode, é tão procurada quanto aqueles assassinos. Ela resolve dormir por ali e, pela manhã, aparecer fingindo nada saber no velório. Seis pessoas mortas, remontadas e arrumadas, repousam em caixões na sala da frente da casa. O sangue tinha sido limpo por amigos da família. Uma multidão se aproxima. Era a fazenda mais rica da região.

O chefe da casa, o Coronel, aparece por volta das nove da manhã, entra na cena mais bizarra

que sua vida rica poderia ter em sua pior memória.
Corre para o caixão branco da filha mais nova,
beija a madeira, chora e se desespera. Marca estava
sentada no batente frontal, analisando tudo. Troca
olhares com o Coronel e baixa a cabeça. Dezenas de
jagunços entram na casa, falam alto e todos ouvem:

— *Foram os Gaivotas. Estão neste exato momento
dando uma festa, comemorando, doutor.*

— *Não me diz isso. O velho pai daquele miserável
fez um acordo comigo, que as mortes acabassem.
Foram vinte anos de paz, por que isso agora?*

— *Não sei, mas é melhor se acalmar e enterrar todos
antes de tomar alguma decisão.*

A atenção nas estradas foi redobrada, Marca
analisava tudo. Viu o vaqueiro sentado num canto
com o braço engessado, se aproximou dele e disse:

— *Quer ir lá arrancar as cabeças deles hoje à noite?
Eu te ajudo.*

— *Tu é doida, menina, tu não tem idade não pra isso
e, no mais, tu é muié, o que tu entende disso?*

— *É, você tá certo, melhor me aquietar mesmo.*

Perto das quatro horas, o cortejo com seis caixões
saiu pela estrada que serpenteava em direção ao
novo cemitério, que tinha apenas duas pessoas
enterradas, isso desde os últimos dois anos. Agora
recebia bem mais do que seu estoque de ossos.
Os buracos estavam abertos, e um a um foram
enterrados, sem distinção de cor e o que fosse.
Foi assim que o chefe pediu. Os seus jagunços
estavam todos atentos, não sabiam se poderiam
ou não contra-atacar, pois a família Gaivota era
também muito amada na região, mesmo não
sendo mais os chefes políticos daquele tempo.

O caminho de volta para a fazenda foi muito
triste, algumas pessoas mais próximas da
família acompanhavam o cortejo para ajudar
no que precisassem. Passaram pela cancela e,
quando se aproximaram do alpendre, viram algo
medonho. Onze cabeças cortadas estavam lado
a lado como se olhassem o pôr do sol. Numa
delas, do homem de bigode, havia uma carta:

Caro vaqueiro,

Posso ser mulher, mas não sou covarde como você. Aceite de mim este humilde presente, foram estes cabras que destruíram sua família. Não quero nada em troca e agradeço por me contarem da outra fazenda. Lá encontrei muito dinheiro que vai me ajudar na jornada. Matei, cortei as cabeças e estão aí. Façam delas um troféu e fiquem tranquilos, ninguém viu, ninguém sobrou, até a cabeça do cachorro está aí no meio.

Atenciosamente,
Eu

O sol estava deixando seu último segador no horizonte. Um sorriso macabro do Coronel antecedeu a ordem:

— Coloquem todas essas cabeças na água com sal e arranjem uns potes de vidro grandes pra guardar... quero olhar todos os dias para esses filhos de uma puta.

Marca estava de longe acompanhando tudo. O vaqueiro a vê, acena para ela e ela acena de volta. Monta em seu cavalo e galopa em disparada até o amanhecer. Viajar na madrugada era mais seguro, principalmente na companhia da lua, que atravessava a escuridão guiando seus passos.

NÃO PENSE DUAS VEZES ANTES DE APERTAR O GATILHO

9

As semanas se estendiam, e o delegado Bolero tentava redefinir seu percurso. Por onde passava, as pessoas não lhe davam informações sobre a fugitiva. Mesmo assim, ele continuava a mostrar a foto de Marca. A jovem amadurecera muito desde então, mas não seria difícil reconhecerem aquele corpo.

Três semanas e nada. Mas o delegado não pensava voltar tão cedo para casa, mesmo sabendo que sua família estaria preocupada e seu cargo como chefe de polícia, por um fio. Se descobrissem o que ele havia aprontado, seria o fim. Provavelmente as pessoas já pensavam que ele estava morto ou havia carregado outra mulher para longe (talvez a filha do prefeito, com quem tinha um chamego).

Ele estava bem. Seu ferimento havia cicatrizado e no lugar havia um queloide, duro e indolor.

O mundo era outro para as bandas do norte. Os urubus comiam as cobras que morriam de insolação, os pássaros não conseguiam entoar seu coro. A primeira notícia que o delegado teve de moça sozinha montada num cavalo surgiu de um roceiro que fora abordado e olhara a fotografia:

— *Tem um cabaré aqui perto e lá tem uma moça parecida com esta. Melhor ir lá conferir.*

Bolero não deu muito crédito, mas, mesmo assim, resolveu ter uma prosa com a dona do estabelecimento. Boquinha da noite e algumas perguntas a mais, ele chegou até onde a música saía entre duas portas iluminadas por um lampião. O forró estava bom, mulheres dançando para lá e para cá, homens com moças magras no colo. Uma idosa sentada num tamborete alto atrás de um balcão lodoso servia cachaça aos homens.

A busca de face em face começa, como se Bolero fosse um mero cliente. Ele procura a mais jovem, com mais ou menos a idade de Marca. Conversa com a dona e pede a moça de vestido azulado de chita. Batom colorido e cabelo solto. Ambos vão para o quarto vazio:

— *Como você se chama, minha jovem?*

— *O nome que tu quiser, não posso dar meu nome nem idade.*

— *Idade é dezoito, sua patroa me disse.*

— *Tu é repórter, é? Veio aqui pra me cumê ou pra ficá de prosa?*

— *Veja esta foto, conhece a moça? Eu te pago o dobro do que você está ganhando hoje se me der uma pista sobre ela.*

A menina, desconfiada e aflita pelo dinheiro, pega a fotografia e fica imitando a pose de Marca...

— *Diz logo, estou com pressa.*

— *Já vi sim... bonita... Queria tanto tirar uma foto desta...*

— *Diz logo. Você tem que ficar calada. Guarda o dinheiro contigo e sai dessa vida.*

— *E quem disse que eu quero outra vida? É isso ou morrê de fome nos Campo dos Flagelado.*

— *Onde?*

— *É onde a moça disse que ia se instalar e fazer vida lá.*

— *Vender o corpo?*

— *Não, trabalhá mesmo. Contam histórias horrívi desse lugar, dizem que muita gente morre de fômi lá, mas morreria bem mais gente se não existisse.*

— *Onde fica esse lugar?*

— *Não sei direito. Ela passô aqui cum hômi mais véio, comprô alguma coisa, dormiu num quarto. Foro embora cedinho, mas eu tava no quarto do lado com outro hómi e ouvimo as conversa.*

— *Tem mais alguma coisa a dizer?*

— *Sim, mas não é dessazinha aí... queria que ocê me levasse contigo...*

— *Ficou louca? Você tem idade pra ser minha neta, pelo amor de Deus. Veste essa roupa.*

A menina baixa a cabeça, levanta o vestido, se encosta na parede e estende a mão para receber o dinheiro.

Diz que seria melhor que ele não saísse tão rápido, que deitasse um pouco e esperasse uns trinta minutos, só assim não desconfiariam de nada. Menina esperta. Ele se deita na cama para descansar um pouco e quase cochila. Se levanta, lava o rosto para simular suor. Ia seguir estrada mesmo durante a noite. A primeira pista havia aparecido e não podia perder tempo. Passa pelo salão, dança forró com outra mulher e, à francesa, vai fumar um cigarro lá fora. Depois, monta seu cavalo e pega a estrada.

O capítulo poderia acabar por aqui... melhor não. Eu bem que poderia falar com Bolero ou mudar as coordenadas, mas é melhor deixar a história como está. O cavalo estava com fome e sede. Mas cadê água? Que capim? Uma plantação de palmas estava à disposição léguas atrás, e ele achou melhor retornar até lá. O atraso foi necessário. Cortou palma, alimentou e hidratou o equino. Estava pronto para seguir. Melhor eu falar com ele agora.

— *Oi, Bolero, quer conversar comigo?*
— *Valha-me Deus, é assombração?*
— *Baixa a arma, você não pode me ver nem atirar em mim. Estou em sua cabeça, quero que me ouça.*
— *Diga, eu não tenho medo de gente morta, já vi a morte de perto várias vezes.*
— *Quero te pedir algo: não pense duas vezes antes de apertar o gatilho.*
— *Contra quem?*
— *Contra mim.*

Dei meu recado. Voltemos à narrativa... Bolero acorda deitado embaixo de uma cajazeira enorme. Pensa que foi um sonho conversar comigo, olha para o chão e vê marcas recentes de cavalo.

O sol aparecia por trás de uma enorme casa amarelada a leste de onde estava. Algo o atraía até aquele lugar, depois ele reconhece: era a casa de seu compadre, e há anos não o via. Ele teria melhor informação sobre esse tal campo da fome. Se levanta, come um pedaço de rapadura, segue até a cancela da fazenda e de lá grita:

— *Ô de casa! Compadre Manuel Beato, sou eu, Bolero!*

Dez minutos de gritos e a porta se abre. Um homem curvado com um rifle na mão sai da casa. A distância os tornava estranhos. A barba por fazer, o chapéu de palha se desfiando, a arma apontada ao desconhecido.

— *Quem é você, como sabe meu nome, some daqui...*

— *Sou eu, compadre, Bolero. O que houve contigo? Baixa essa arma pelo poder de Nossa Senhora das Dores.*

— *Agora estou te conhecendo, foi você que matou minha menininha, né?*

— *Que fiz o quê? Deixa, vou embora, você não me reconhece...*

O vaqueiro, ainda debilitado, corre na direção do chefe e o adverte sobre quem é o visitante. Toma a arma do chefe e pede desculpas. Bolero e o vaqueiro se cumprimentam, e o vaqueiro faz um resumo sobre o acontecido na fazenda uma semana antes enquanto caminham para dentro da casa. O dono da propriedade se tranca no quarto:

— *Amigo Bolero, deixa ele. Uma hora ele melhora e tudo se resolve. Mas que honra te traz aqui? Veio pra missa de sétimo dia?*

— *Não, nem estava sabendo do acontecido... Que desgraça! Quem fez isso?*

— *Já está tudo resolvido.*

— *Tudo bem, eu fico para a missa, mas estou de passagem... O que poderia me dizer sobre um tal de Campo dos Flagelados?*

— *Estive perto de lá. Vi de longe. É um mundão de gente lá no Crato do Ceará. Se chama Buriti, tem mais de vinte mil pessoas amontoadas em cabanas de palha de buritizeiro. Mas o que o senhor delegado quer lá?*

— *Posso confiar em você?*

— *Claro, no que eu puder ajudar, estarei aqui.*

— *Veja esta foto... reconhece esta moça?*

O vaqueiro pega o retrato, olha com calma para disfarçar, finge desconhecer a moça e avisa que nunca tinha visto rosto tão angelical. Queria saber o que ela tinha feito de tão mau para ser procurada pelo delegado. Bolero apenas diz que ela tinha matado várias pessoas e precisava ser levada à justiça. Os dois se resolvem, pegam um pouco de leite recém-tirado e bebem. Preparam um cuscuz com carne assada de boi e chamam Manuel. Este sai do quarto com melhor aparência, pede desculpas ao compadre e os três se sentam à mesa.

O dia passa e às quatro horas a missa começa na igreja da cidade. Rezam e notam a ausência do vaqueiro. Manuel diz que seu funcionário não parecia, mas era homem frouxo para sentimentalismos, tinha preferido voltar à fazenda. Após a missa, montam seus cavalos e seguem até a propriedade. Ao chegar, descobrem que um dos cavalos havia sumido; comida e dinheiro também. Manuel fica possesso, pede o revólver de Bolero e começa a atirar para cima, dizendo que havia sido roubado. Ainda não suspeitara do seu vaqueiro. Bolero saca a foto e mostra ao compadre:

— *Olhe para esta moça... me diz se a reconhece.*

— *Sim, ela estava no velório e conversou com o vaqueiro. Eu nunca tinha visto aquela moça na região.*

— *Alguma coisa estranha aconteceu naquele dia além dos assassinatos?*

— *Sim, venha até meu quarto.*

Uma cena saída de um pesadelo está à sua frente. Uma fila de jarros amarelados com cabeças dentro e o bilhete emoldurado como uma relíquia. A ligação entre o vaqueiro e Marca... Bolero gela e estala os dedos como se uma ideia atravessasse sua mente:

— *Tenho uma péssima notícia para te dar. Foi teu vaqueiro quem te roubou e seguiu atrás dessa moça. Foi avisar que eu estou atrás dela.*

— *Filho de uma égua!*

Manuel Beato abastece Bolero com todas as regalias e pede a cabeça do vaqueiro...

— *Poupe a menina, por favor, ela fez a devida vingança.*

Tudo acertado, a promessa do que fazer aos

dois está feita. O sol se põe, ambos se despedem e o homem solitário agora está de pé à porta da casa-grande. A cancela se abre sozinha, como se o vento fizesse as honras. Ao olhar para trás, Bolero vê a luz do sol sumindo no cume da serra. O escuro compromete sua visão, mas um brilho pisca em seu olho. O som seco rebate nele como um tapa. Manuel se matara com um tiro na boca. Seu corpo cambaleia na escadaria e cai no terreiro. Uma luz azulada atravessa as nuvens e paira em cima da casa. Bolero acompanha tudo com euforia. Uma segunda luz sai do corpo de Manuel Beato e vai de encontro à outra com extrema velocidade, se chocam, se afastam e se chocam novamente, deixando cair faíscas. Passam alguns segundos digladiando, param no ar e seguem dando voltas ao redor da casa. E, como se disputassem uma corrida, seguem na direção norte: deram um sinal a Bolero. Com lágrimas nos olhos, ele recita:

— *Eu nunca acreditei em luzerna... Obrigado, pai Pedro.*

POR 50 CONTOS EU SOU O QUE VOCÊ QUISER

10

Era um sábado, dia 13 de maio de 1932. Marca corria o mais rápido que podia em seu cavalo. O homem que a acompanhava já ficara para trás, era mais um apaixonado sem nome que tentara algo com ela, mas sem sucesso. A ajuda foi providencial naqueles dias, pois ela não conseguia mais dormir em cima de pedras e mato. Uma noite de sono numa cama confortável valia mais que vinte numa pedra. E um cabaré seria o último lugar onde alguém a procuraria naquela altura dos acontecimentos. Puro engano.

Um cachorro magro e preto começa a seguir o cavalo, atravessa sua frente dando piruetas e latindo. Duas, três vezes. Na quarta passagem, para e levanta

as orelhas comidas pela sarna. Marca olha
para o lado oposto. Um cavaleiro se aproxima
em alta velocidade. Ela sabe que não adianta
correr, o arranque só desgastaria o animal.
Daria as costas desprotegidas e seria alcançada
em poucas centenas de metros. Saca a arma e
se prepara para o pior. O cão passa por baixo
da cerca e deita como se fosse assistir a uma
briga. Quanto mais o cavaleiro se aproxima,
o coração de Marca desacelera, a frieza e a
concentração tomam conta de seus olhos de
lebre. Cem metros, cinquenta, trinta e um grito:

— *Menina, espera, baixa a arma!*

Marca fica surpresa ao ver o vaqueiro da
fazenda. Até aquele instante não sabia seu
nome, era apenas mais um dos milhares de
Josés perdidos pelo sertão. Ela guarda a arma,
se arrepende e saca a companheira novamente,
em um misto de confiança e desconfiança.
Ele, com os bofes para fora, começa a falar:

— *Vim correndo. Passei uma semana te procurando
e te encontrei. Então, se eu te achei, ele pode te
encontrar também. Sorte que eu conheço muito
bem esta região.*

— *Ele quem?*

— *Bolero. O delegado Bolero chegou lá na fazenda.
Ele vai fazer a ligação de tudo e vai te encontrar.
Eu posso te esconder.*

— *Não preciso da tua ajuda. Já vinguei a morte da
tua família, não tá bom?*

— *Quero te ajudar. Todo mundo tá procurando uma
moça sozinha a cavalo, e não um casal. Vai ficar
mais difícil para ele te encontrar.*

— *Você está certo. Qual é sua ideia e por que quer
me ajudar?*

— *É gratidão pelo que fez lá na fazenda... Minha
ideia é você ir pro Campo do Buriti, no Crato.
Fique lá escondida. Depois do parto (que você tá
prenha, né?), pegue um trem em Juazeiro e siga
pra Fortaleza. Tome um navio e vá para o sul do
país, lá ninguém mexe contigo.*

— *Já tinha essa ideia de ir pro Buriti, mas não a de
viajar para tão longe.*

— *Eu vou contigo.*

— *Não vai mesmo!*

Marca segue seu caminho, se despede do homem, mas ele começa a ser insistente.

— *E se eu entregar você pro delegado? Como vai ser?*

O cavalo da menina para, ela gira com o animal na direção contrária, sorri e segue de volta lentamente. Umas pessoas começam a sair da roça ao lado e da cerca tentam ouvir a conversa. Ela guarda a arma no coldre, cobre com a blusa e começa a falar:

— *Tudo bem, vamos comigo. Eu não acho justo você voltar e dizer àquele traste do Bolero que sabe onde estou. Você pensa que ele não vai fazer nada com você. Ele não vai te matar, ele vai te explorar. E, quando ele me encontrar, vai te amarrar numa árvore e treinar tiro contigo. O último disparo será no teu pescoço e você, ainda vivo, vai dormir sentindo o resto do teu sangue se acumular na cabeça já roxa de tanta dor. Você vai se engasgar com seu próprio vômito e ele vai dar risada pra todo mundo ver. E aí? O que me diz? Vai voltar pra fazenda ou vai seguir calado ao meu lado?*

A cada respiração, Marca dá um passo com o cavalo até colar um animal no outro, quando diz a última frase ao vaqueiro. José engole seco, percebe que não está ao lado de uma menina, mas da mulher mais desequilibrada e sem medo que conheceu desde a época em que era cangaceiro no primeiro grupo de Lampião, em 1922.

O casal, após o curto debate, segue viagem.

Não vale contar a história desse vaqueiro, caro leitor, pois se trata de um covarde que viu suas irmãs sendo assassinadas e nada fez, preferindo ir para debaixo da asa de um coronel qualquer com medo de morrer também. Voltemos à narrativa...

O som de trovões ecoava no horizonte.
Um milagre. A terra seca e avermelhada se
misturava ao azul-marinho de nuvens grossas
que derramariam toneladas de água no sertão
do Cariri. Relâmpagos riscavam o céu. Os dois
se entreolharam, e o cachorro já os convidava a
seguir estrada. As pessoas, que nada entenderam,
voltaram ao trabalho na roça e os dois então
subiram em silêncio rodagem acima.

A barriga de Marca estava inchada, a gravidez
mais adiantada do que ela queria. Bem que
podia ser uma ascite aguda, ela pensava. José a
acompanhava de perto, entrava nas vilas e comprava
os mantimentos. Andavam ziguezagueando até
que se depararam com a enorme Serra do Araripe.
A região da chapada era mais verde que o resto
do Nordeste, cachoeiras e florestas entorpeciam
a vista dos dois. Animais atravessavam a estrada
e muitos deles eram abatidos para consumo.

— *Marca, se perguntarem se ocê é minha esposa,
posso dizer que sô teu marido?*
— *Pode sim, só pra despistar essa gente. Mas não
pense em mexer comigo, só durmo com faca na mão.*
— *Pode dexá. Sô tudo de ruim neste mundo, menos
safado.*
— *Melhor assim.*

Três dias de chuva pesada só fizeram atrasar o
percurso. A seca de 32 estava para ir embora ou era
apenas uma piada divina? Atravessaram por uma
estrada vicinal de tropeiros a gigantesca serra e de lá
da ponta avistaram as casas da cidade do Crato. Uma
igreja com duas torres se mostrava onipotente no
centro da cidade. Casas ao redor dela e algumas ruas
se estendendo, sobrados e um cemitério de muro
branco que ficava num ponto elevado, logo após a
igreja. Estavam a mais ou menos dois quilômetros
do centro urbano quando José pediu para Marca
esperar ali. Ele iria comprar mantimentos e
depois seguiriam para o Buriti. Era dia de feira,
seria muito arriscado irem juntos à cidade.

Marca se senta perto de uma pedreira e começa
a comer um pouco de carne-seca que trazia dentro
da farinha. Vê um umbuzeiro e come suas folhas.
Alimenta o cavalo e consegue água numa pia que
ficava na parte mais baixa. Estava tudo indo muito

bem na primeira hora de espera, até que ouve o som de cavalo se aproximando. Ela começa a reclamar:

— *Eu quase estava indo lá te procurar. Que demora danada...*

Marca só depois percebe que não era José, mas dois homens estranhos montados em apenas um cavalo, e armados. Ela fica em silêncio e espera o pior. Um deles se adianta e diz:

— *O que uma donzela faz num fim de mundo deste? Tá precisando de ajuda?*

— *Não, meu marido foi até a feira comprar mantimentos.*

— *E por mode que tu não foi também? Tá com medo de bicho?*

— *Eu preferi ficar descansando aqui, tô prenha.*

— *Nunca matei muié prenha, como é teu nome?*

— *Satanás!*

Os dois homens sorriem com a resposta, descem do cavalo e um deles tenta agarrar a moça. O segundo vai na direção do cavalo dela para roubá-lo. Ela saca a arma, mas é rendida por um deles, que a acerta por trás com uma pedra. Pegam o dinheiro que ela tinha na bolsa, chutam sua barriga, passam o pé no cavalo. O cabra que aparentava ser mais velho diz:

— *Só não te mato porque tu tá buchuda, teve sorte desta vez. Não quero te encontrar mais por estas bandas.*

Marca fica no chão olhando os dois montados desaparecendo na mata. O ódio percorre seu corpo. A impotência a consome. Tenta se levantar e não consegue, seu corpo dói e a nuca sangra. Poderia ter perdido o filho indesejado, mas o que fazer?

José chega duas horas depois e se depara com Marca desacordada. Corre para junto dela e tenta acordá-la. Nada. Pega água, lava seu rosto ensanguentado e, pouco depois, ela começa a gemer de dor e acorda. Conta o ocorrido. O vaqueiro diz que vai atrás dos ladrões e ela o impede. Ficam aquela noite ali, agora com pouco dinheiro e sem um cavalo. Ela começa a passar a informação que ouvira sobre o Crato:

— *Dizem que no Crato tem um local guiado por um religioso, é o Caldeirão do Beato Lourenço. Lá tem muita comida e ele aceita todos de braços abertos.*

— *Tu qué ir pra lá?*

— *Lá tem pouca gente comparado com o Buriti, mas também tem mais proteção. Lá no Caldeirão da Santa Cruz do Deserto a polícia não se mete, mas no Campo sim, sempre tem gente do governo se metendo. Prefiro ir pro Campo, depois pegar o trem e subir, mas antes de ir pra Fortaleza quero ver Padre Cícero.*

— *Vamo pro Campo, esperamo você parir e seguimo pra Juazeiro. Melhor não...*

— *Pode dizer. Já começou, termine.*

— *Ocê tá sendo procurada viva ou morta, tem até cartaz com seu rosto desenhado. A recompensa é muito gorda, 50 contos de réis.*

— *Quem está espalhando isso?*

— *Não sei, mas eu acho que posso resolvê essa tramoia. Chega!*

— *Mas como? Não consigo nem pensar... minha cabeça está ruim...*

— *Amarrando ocê e te entregando. Chega de corrê, não quero mais isso.*

— *Então você já sabia que estavam me procurando?*

— *Desde que entrei na primeira vila. Vou te amarrá agora, vira, anda. A polícia já tá te esperando.*

— *Seu miserável, traidor dos infernos!*

— *Sou sim. Por 50 contos eu sou o que ocê quiser, meu amor.*

FALANDO COM O DIABO

11

José imobiliza Marca e pede que ela o siga caminhando. Ele monta o cavalo e arma a cena. Manda que ela ande descalça à frente sem olhar para trás enquanto ele vai apontando a arma numa pose de *cowboy* pronto para o duelo. Pegam então uma estrada paralela à cidade em direção a Juazeiro. Lá estariam volantes esperando a presa, para que a entregassem ao verdadeiro interessado, seja lá quem fosse. Marca permanece em silêncio. Ela sabe que não a soltarão nem será morta na hora, mas tem que sair daquela situação.

Havia várias saídas, uma delas seria me pedir ajuda, mas será que ela conseguiria entender a complexidade dos acontecimentos, leitor? Vou tentar falar com ela.

— *Marca, como você está?*

— *É você... Tô bem! Que pergunta mais idiota!*

— *Com quem você está falando? – resmungou José.*

— *Estou falando com o Diabo, posso?*

José riu e decidiu deixá-la em paz.

O papo divino continuou:

— *Então, Senhor, como você pode me ajudar a sair desta história?*

— *Pedindo. Pede com sabedoria que eu talvez te liberte.*

— *Quero que ele caia do cavalo e morra!*

— *Tudo bem. Mas antes disso acontecer, quero te dizer como me encontrar.*

— *Fale, eu não vou esquecer.*

— *Eu moro na rua São Francisco, número 16, em Juazeiro do Norte. Vem até mim e te protegerei.*

— *Só pode estar de brincadeira, miserável!*

— *Tenta, não esquece. Agora, olhe para trás.*

O cavalo de José se assusta e empina ao ver algumas pessoas barulhentas que seguiam a estrada. Ele solta a corda que prendia Marca e já não domina mais o cavalo. Ela olha para trás e vê o vaqueiro caindo e sendo esmagado pelo animal. Marca corre em direção a uma casa de barro. Ela pede ajuda. Cortam as cordas que amarravam seus braços e perguntam:

— *Quem é aquele? É teu marido?*

— *É sim. Brigamos e ele me amarrou pra me levar de volta pra casa do meu pai.*

— *Que homem mau... e esse cavalo é teu?*

— *É não, minha mesmo só esta bolsa. O cavalo ele roubou do Coronel de Jati. Devolvam o cavalo que ele vai pagar um bom preço.*

— *Você não quer o cavalo?*

— *Quero nada. Vou a pé a partir daqui, já estou perto de meu destino. Agradecida.*

Marca pega sua bolsa e segue apressada. Será que a reconheceram? Os meninos começam a brigar por um punhal velho que o vaqueiro carregava na cintura – vaqueiro agora sem nome para ela. A estrada em direção ao Buriti se abre novamente para a fugitiva.

Bolero seguia à risca os passos de Marca. Sabedor de sua ida ao Campo dos Flagelados, enfrentou chuva e sol sem perder as forças. Às vezes se perguntava por que queria tanto capturar aquela diaba. Perdido em pensamentos, não percebe dois homens estranhos montados a cavalo se aproximando. Abordam o delegado, pedem um cigarro e perguntam para onde ele vai.

— *Estou indo dar um passeio pela região, respirar ar puro... vocês talvez reconheçam esta moça da foto...*

— *O que ganhamos com isso?*

— *Vocês ganham a chance de viver, que tal?*

Os dois cabras se entreolham e vão de um sorriso amarelo a uma testa enrugada. A primeira reação de um acaba com um tiro no peito. O segundo tenta pegar a arma e Bolero se adianta:

— *Nem tente fazer isso. Joga a arma no chão, se não quiser cair do cavalo!*

— *Tu matô meu irmão, caraio!*

— *Não vi a certidão de nascimento na sua testa. Desembucha, onde viu a moça da fotografia?*

— *Robamo este cavalo dela, também muito dinheiro que ela levava. Ocê é o pai dela, é?*

— *Não, o pai dela eu enterrei vivo.*

— *Parece que ela tava acompanhada, porque tava buchuda. Ela disse que o macho tava no Crato. Mas é tarde pra ocê, matamo ela.*

— *Como é que é?*

— *Isso memo, matamo ela. E se quisé me matá, essa é a hora, num tenho mais nada a dizê.*

Bolero manda que ele siga a estrada, que deixasse o irmão terminar de morrer e ser comido pelos urubus. Mal completara a frase, o cabra já havia partido com toda velocidade, como se sua vida dependesse disso, e dependia. Nuvens grossas apontavam no horizonte. Bolero precisava ter mais cuidado. A menina, que já não era mais tão jovem assim, podia armar algo contra ele. O convite certo seria a definição para uma cilada. Só os tolos cairiam nisso.

Do alto da Serra do Araripe, o Crato se estendia. Bolero entra na cidade, passa dois dias por lá e vê na parede de um bilhar um cartaz com o desenho da fugitiva. Ele não entende. Quem estaria procurando a menina? Era um bom dinheiro e poderia ser a chance de uma nova vida. No terceiro dia, Bolero monta seu cavalo e segue a estrada norte. Ao longe vê o acampamento do Buriti, que se estendia como um vilarejo com milhares de pequenas barracas cobertas de palha. Ali penavam mais de treze mil almas se acotovelando ou morrendo a cada dia pela fome e pelas doenças. A seca tinha atraído muita gente para aquele campo. Existiam outros no Ceará, mas aquele era o mais impressionante.

Marca entra no Buriti junto com um grupo de flagelados que chegavam da Paraíba. Ela se mistura a eles, coloca um pano na cabeça e consegue passar por alguns policiais. Carroças entravam com alimentos e outras saíam com mortos esqueléticos que seriam enterrados mais acima, a leste. Havia muito silêncio, nenhuma alegria. Homens armados caminhavam para cima e para baixo, sempre impondo a ordem no local. Eram os "homens do governo". O povo agradecia a Deus no Céu e aos governantes na Terra, pois muitos diziam que *se alguém morrer aqui não é de fome, é de doença; o governo faz sua parte*".

Marca estava horrorizada com tudo aquilo, mas havia uma grande chance de recomeçar sua vida. Ali era a concentração das vítimas do tremendo flagelo. O cheiro de fezes e urina podre se instalava no ar, meninos extremamente magros caminhavam com a cabeça pelada por causa do piolho, sarna e carrapato. Diziam que a capital, Fortaleza, não os queria lá, nem o Crato nem Juazeiro. Os ricos mandaram construir os campos para afastar os pobres; não ver de perto a pobreza era uma solução adequada às classes mais abastadas. Marca se aproxima de uma pequena capela onde um homem profere palavras retiradas da Bíblia: "O mal está entre nós". Marca ri e segue para tentar entender como sobreviveria ali. Amontoados de colmo chegam em carroças para os homens fazerem suas casas. Ela se aproxima de um grupo e pergunta como poderia conseguir material para construir um abrigo temporário... "Se vire..." Ela dá as costas e segue mais fundo no campo. No final do dia, sem sucesso, Marca ouve um coro gigantesco entoando uma reza agourenta que diz mais ou menos assim:

Ó, São José, cuja proteção é tão grande,
tão forte e tão imediata diante do trono
de Deus, a vós confio todas as minhas
intenções e desejos.

Ajudai-me, São José, com a vossa
poderosa intercessão, a obter todas as
bênçãos espirituais do vosso Filho adotivo,
Jesus Cristo Nosso Senhor, de modo que, ao
confiar-me, aqui na Terra, ao vosso poder
celestial, vos tribute o meu agradecimento
e homenagem.

Ó, São José, eu nunca me canso de
contemplar-vos com Jesus adormecido nos
vossos braços. Não ouso aproximar-me
enquanto Ele repousa junto do vosso
coração. Abraçai-O em meu nome, beijai
por mim o Seu delicado rosto e pedi-Lhe
que me devolva esse beijo quando eu exalar
o meu último suspiro.

São José, padroeiro das almas que
partem, rogai por mim!
Amém.

O povo sabia que a morte estava chegando, mesmo assim havia algo de grandioso ali. Milhares de pessoas de olhos fechados recebendo os últimos raios de sol. Quando o sol se escondia, a missa acabava e cada um voltava para seu lar. Uma mulher viu Marca de pé e disse:

— *Menina, venha pra cá comigo. Aqui não se pode dar bobeira. Dizem que um lobisomem ataca quem desrespeita o partir do sol.*

— *Obrigada, mas por que as pessoas não voltam pra seus lugares?*

— *Você não entende? Pelo menos aqui tem um pouco de ração, e lá? Eu sou de Pernambuco, estou aqui há um ano, será que lá eu estaria viva?*

Marca se familiariza com aquelas palavras, e as duas juntas chegam até uma cabana. Entram, acendem um pequeno lampião a gás e ela percebe dois jovens doentes, tossindo. Ela recua e pensa em não ficar por perto. A mulher ri e diz que ela não precisa se preocupar, pois eles sofrem de febre maculosa, transmitida por um carrapato que tem na região. Parece que a epidemia parou, mas ainda existem muitos doentes. Mais tranquila, Marca bebe um pouco de água, se deita numa esteira de junco e desaba de sono.

Bolero chega à porta do acampamento, se identifica e fala que está em busca de uma criminosa que se alojara ali. A entrada do delegado é permitida e ele começa a busca. Não seria difícil identificar uma jovem grávida de uns sete meses. Ele passa a noite procurando por Marca sem sucesso. O sol logo começa a avermelhar o horizonte e a primeira luz invade as cabanas.

Marca acorda ouvindo uma conversa do lado de fora, mas continua deitada e coberta com uma esteira de palha.

— *Minha senhora, já viu esta moça antes? Ela deve estar com a barriga grande agora.*

— *Não, meu filho, só estou cuidando de três doentes.*

— *Posso entrar?*

— *Claro, só não garanto sua vida, a doença é muito contagiosa.*

— *Vou arriscar.*

Três pessoas cobertas. Bolero tira a coberta da primeira e percebe que está morta. Sai para avisar a velha. Mesmo assustado, volta e insiste na procura. Vai até o segundo resto de gente que se mexia e, quando vira aquele corpo, um menino espirra sangue com catarro na sua cara. O delegado grita e sai correndo, procurando água para se lavar. Passa a mão na terra com força, temendo por sua vida. Persistente, ele volta para a cabana, abre de novo a porta improvisada de palha e vê que a terceira pessoa havia fugido.

Marca respira fundo. Só um milagre pode salvá-la naquele terceiro dia de acampamento. Ela ouvira o espirro, o grito do delegado e saíra pelo fundo da casa a toda carreira. As pessoas, sem entender, apenas acompanham tudo com os olhos. Uma cerca alta mantinha a proteção ao norte, ela passa por baixo daquilo e se corta nas costas. Alguém atira em sua direção na tentativa de impedir que ela saia do acampamento. O sangue do corte começa a descer pelas pernas de Marca, mas ela segue em frente, em direção a Juazeiro. A cidade ficava a alguns quilômetros de onde estava. O temor tomava conta de tudo.

Bolero ouve o tiro e vai atrás da fugitiva. Alguns dizem que ela foi em direção a Juazeiro. Marca procura um cavalo em vão. Nada se segurava naquele lugar.

Bolero tenta encontrar outro cavalo, mas só consegue se armar e seguir a pé em sua busca. Os dois se aproximam...

Marca desmaia.

Bolero espirra
sangue e desmaia
também.

RUA SÃO FRANCISCO, NÚMERO 16

12

Marca e Bolero não se toparam, trezentos metros os separavam. A noite se estendia, animais mexiam o mato e uma disputa desacelerada se fazia naquele chão úmido pela chuva. Marca desperta com muita dor. Descalça, vestido branco sujo e ensanguentado, cabelo solto e comprido: era a imagem idealizada de Cristo antes das chicotadas. Ela, fera no sertão, continua sua jornada. A cada dez passos, olha para trás.

Por volta das quatro da madrugada, Marca entra em Juazeiro do Padre Cícero. Nenhuma alma transitava pelas ruas de sobrados antigos, algumas pessoas dormiam nas calçadas. Ela anda como se fosse guiada por algo mágico e entra na rua São José. Sua vista escurecia e voltava a clarear. Os poucos postes de luz apagados desde as 20 horas serviam de muleta para a jovem que sofria e precisava da benção do Santo Padre antes de morrer. Sua barriga começara a se mexer violentamente. O filho ainda vivia, mas não parecia bem. Quase no final da rua, olhou para uma enorme casa do lado esquerdo. Lembrou de um calendário antigo que trazia a foto daquele local, era ali mesmo. Ela dá mais alguns passos, bate na porta com a força que ainda lhe resta e desmaia. Duas mulheres saem apressadamente da casa e a pegam pelos braços. Precisavam cuidar daqueles ferimentos. Ao acordar, Marca diz: *"Chamem o Padre Cícero, eu preciso pedir perdão!"*. As mulheres, sabendo da saúde debilitada de Romão Batista, preferem deixá-lo acordar para depois avisar da visitante. O sangue da moça está estancado. Depois de pedir água, ela dorme profundamente.

Bolero – desculpe-me, leitor, mas o delegado não morreu – acorda com os primeiros raios de sol no rosto. Passa a mão na cintura e percebe que a caixa de balas havia ficado no alforje, na sela do cavalo provavelmente roubado no Buriti. Mexe no pente da arma e vê que tem apenas uma bala. Era apenas aquela que precisaria ou para matar Marca ou para se matar. Sua febre aumentara, mas ele não desistiria. Só havia uma coisa a fazer: seguir o rastro de sangue da *onça*. Como bom rastejador e farejador, não foi difícil seguir as pistas.

O delegado segue as marcas de sangue até a porta da casa do Padre Cícero. Entra, pergunta pela moça grávida e é advertido com rudeza de que deve esperar que ela se confesse. Bolero se senta, espera pacientemente por quarenta minutos e, finalmente, vê Marca caminhando pelo corredor em sua direção. Ele se levanta da cadeira perplexo: ela manca da perna direita, tem barriga grande e a cabeça baixa. Aquela moça não se parecia em nada com a "menina das Alagoas". Marca diz a ele em voz baixa:

— *Pode fazer o que quiser comigo, tenho mais nada a dizer.*

— *Não vamos nos resolver aqui, tenho muito respeito ao Padre.*

— *O Padre está muito doente.*

— *Eu também estou. A humanidade está!*

— *Vamos embora daqui, leve-me embora, por favor, não quero mais pecar.*

O velho Padre Cícero vê toda a cena da porta do quarto. Marca pede ao delegado que a deixe resolver algo antes de irem embora. Ela segue pela praça Alexandre Alencar, onde uma multidão já a esperava. Muitos dizem que a moça era a própria imagem de Cristo ressuscitado. Bolero acompanhava de perto. Não podia fazer nenhum movimento brusco, já que ela se entregara e ele poderia ser preso. A lei seria cumprida.

Marca para, olha para a estátua do Padre Cícero no centro da praça, se apoia em sua base e fica de cócoras. Mais pessoas se aproximam e, neste instante, uma força sobrenatural toma conta dela:

— *Por que não me mata de uma vez? Eu estou cansada disso, quero mesmo que me mate, eu não quero mais viver. Carrego no ventre uma criança e não sei quem é o pai! Matei tantos nesta vida, pedi a Deus que me perdoasse, ele nem sequer me atendeu. Pedi ao Padre Cícero que intercedesse por mim, o Santo viu meu arrependimento. Mas, me diz, por que você me persegue, homem?*

— *Eu te persigo porque eu preciso te matar.*

Ao ouvirem aquelas palavras e verem Bolero sacar a arma, as pessoas começam a correr sem direção. Marca se ergue, rasga o resto de sua roupa e grita!

— *ATIRA, COVARDE, ATIRAAAAAAAAAAA!*

Eu, caro leitor, vejo todo o ocorrido aqui de cima entusiasmado. O estampido do tiro se faz ecoar por toda a praça. A polícia já se aproxima. Marca olha para todos os lados e não acredita no que está acontecendo. Bolero se ajoelha, tosse sangue e fica olhando para ela. Marca coloca a mão na barriga e percebe o pequeno furo do tiro. Ela dá dois passos adiante e pergunta:

— *Atirou na minha barriga, miserável?*

— *Não quero esse filho meu dentro de você.*

— *Então foi você! Então era você que eu procurava esse tempo todo?*

— *Sim. Agora nem eu, nem você. Morra!*

Bolero cai morto pela doença que o destruíra. Marca, mesmo perdendo muito sangue, lembra de meu endereço e começa a repeti-lo como um mantra. Grita de dor, mas pede ajuda para chegar à rua São Francisco, número 16. As pessoas a erguem nos braços e começam, em procissão, a levar seu corpo quase morto até minha casa. Uma oração ecoa, era uma cena bizarra e bíblica.

O grupo de mais de cem pessoas chega à minha casa, batem à porta no exato momento em que eu estava escrevendo este texto em minha máquina de datilografar. Batem na porta duas vezes até que uma mulher na rua diz: "Aí não tem nenhum homem não, é a casa da parteira, a viúva!". "Quem é esse outro homem que eu procuro?", pensava Marca.

A multidão se acotovelava e Marca gritava mais alto ainda de dor. Uma mulher corpulenta abre a porta e pede que coloquem a grávida no sofá. As duas conversam:

— *Por favor, minha senhora, cadê o homem que me mandou vir aqui?*

— *Moro sozinha, tenho nem filho.*

— *Por favor, tira essa criança da minha barriga.*

— *Se eu tirar essa criança daí, você vai morrer.*

— *Eu quero morrer. Mas salve a criança, por favor.*

O parto não demorou. Marca já havia perdido muito sangue, mas ainda tinha forças para perguntar se era menino ou menina, e a resposta não tardou: *"É um menino muito bonito e miudinho"*. A criança foi apresentada à multidão. Era um recém--nascido muito frágil, prematuro de sete meses. Sobreviveria? Marca pega a criança nos braços e diz:

— Teu nome será Marco Gilberto, em minha homenagem. Mesmo sem sobrenome, seja um grande homem, meu filho! Deus cuide de sua saúde e que o resto de minhas forças seja transferido para você.

A criança começa a escorregar dos braços da mãe e é amparada pela parteira. Marca estava morta. Dizem os profetas que nossa vida inteira passa diante dos nossos olhos no momento da morte, e nossa retina fixa a última imagem vista. Marca ficou com a imagem do filho.

O enterro de Marca foi em Juazeiro, perto de onde dois anos depois seria também enterrado o Padre Cícero. A criança foi criada com muito carinho pela viúva. As pessoas o veneravam, chamavam o bebê de milagroso e o tinham como um santo. O cangaço se foi; a Segunda Guerra quase acabou com o mundo; as romarias se ampliaram a Juazeiro; a estátua do Padre Cícero foi erguida no Horto; a idade avançada chegou para mim.

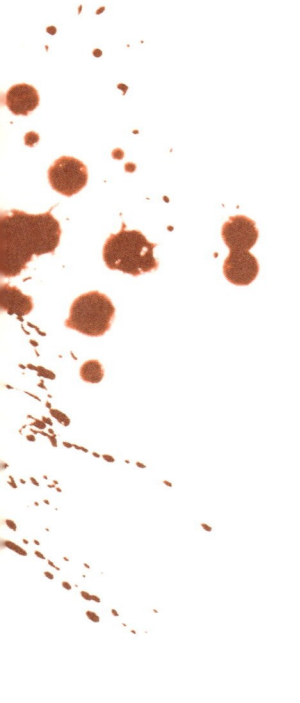

A história se repete com algumas diferenças. Hoje alguém chegou à minha casa, bateu à porta no exato momento em que eu estava escrevendo este texto em minha máquina de datilografar. Duas vezes... Eu me levantei da cadeira, fui até a frente, olhei pela greta. Era ele. Abri a porta e meu carteiro chupava um pirulito. Trazia minha correspondência, certamente algumas contas para eu pagar. Recebi, agradeci, assinei uns papéis e voltei para pegar um café. Desliguei a televisão e meu celular tocou numa chamada de vídeo. Meus netos me convidavam para irmos a Fortaleza no final de semana. Eu disse que seria ótimo, porque acabara de encerrar o livro que estava escrevendo. Iríamos comemorar. Hoje é 23 de março de 2020, meu nome é Marco Gilberto e esta é a história de meus pais. Ainda resido na mesma casa em que nasci.

MINHA

Em 2017, saí a campo neste sertão quente de meu Deus com Nininho em busca de histórias para o canal do YouTube "O Cangaço na Literatura". Nem sempre encontramos apenas o que procurávamos. Nordestino é contador de história por natureza e, a cada gole de cachaça num boteco, ouvíamos pelo menos um conto popular, daqueles de arrepiar o cabelo do dedão do pé. Eu fui juntando todos eles, lendo literatura universal, assistindo a filmes e séries... E uma frase me chamou a atenção num dos livros que li: "*Serial killers* são comumente homens". No meio da caatinga não houve apenas cangaceiros, jagunços e pistoleiros. Tinha muita "mulher braba" no Nordeste, "mulher onça" que cometia o incontável.

MARCA

Ao chegar ao bairro Muriti, na cidade cearense do Crato, para visitar um dos maiores campos de flagelados da seca, isso já em 2019, conversando com sobreviventes me veio a ideia de criar uma história que pudesse ser transformada em série para TV ou mesmo em um filme. A personagem feminina começaria numa vida boa de família rica e terminaria no anonimato, sangrando. Não demorou muito e eis que surge a arretada *Marca*.

Esta obra é ficcional, mas o pano de fundo é nosso sertão nordestino, seus personagens e suas lendas, os cabarés e os padres, o medo e a morte. *Marca* é um antitítulo, tão ambíguo quanto é ambígua a personalidade de cada um de nós, marcados para viver e morrer.

ROBÉRIO SANTOS

Grota do Angico, 2020, local da Morte de Lampião, Maria Bonita, nove outros cangaceiros e o soldado Adrião em 28 de julho de 1938

ROBÉRIO SANTOS é sergipano de Itabaiana, nascido a 20 de fevereiro de 1981. É autor de "O vendedor de sereias", 2011; "Joãozinho Retratista", 2011; "O livro branco da fotografia", 2012; "Lampião e Volta Seca em Itabaiana", 2013; "Álbum de Itabaiana", 2013, este em parceria com o renomado escritor Vladimir de Souza Carvalho; "Zeca Mesquita – o visionário", 2014; "O cangaço em Itabaiana Grande", 2015; "Álbum de Itabaiana 2", 2015; "Fotoclube Itabaiana", 2015; "Maniçoba", 2015; "A morte de Euclides Paes Mendonça", 2015, em parceria com a Academia Itabaianense de Letras; "As quatro vidas de Volta Seca", 2017; "Itabaiana de minha infância", 2017, também uma parceria com a AIL; "Álbum do cangaço 1, 2, 3, 4 e 5", 2018, e, em 2019, "Zé Baiano", que chega, em 2020, a sua segunda edição.

Marca é, portanto, o 20º livro deste também fotógrafo, professor de letras, jornalista, cineasta e membro da Academia Itabaianense de Letras (AIL), ocupando a cadeira 15, cujo patrono é João Teixeira Lobo (o Joãozinho Retratista).

Profícuo e incansável, já finaliza suas duas próximas obras: "Cangaço noir: 28 de julho" e "Cabeças cortadas".

Atualmente apresenta o programa **O Cangaço na Literatura**, no YouTube.

Contatos com o autor:

ocangaconaliteratura